Peter Godzik

Von Worten, Sternen und anderen Kostbarkeiten

Ein geistliches Jahrbuch

Erste Auflage

ISBN 978-3-927043-66-4
Covergestaltung: Elsa von Rahden, Fischerhude
Titelfoto: Asmus Steinmann
Autorenfoto: Peter Godzik, privat
Herstellung: BoD - Books on Demand, Norderstedt

www.steinmannverlag.de

Peter Godzik

Von Worten, Sternen u
anderen Kostbarkeite

Ein geistliches Jahrbuch

Steinmann

Inhaltsverzeichnis

Vorwort

Im Laufe eines langen Theologenlebens entstehen neben zahlreichen Predigten und Ansprachen immer auch kleine Texte für Zeitungen, Gemeindeblätter, Jahreskalender und Andachtsbücher. Sie sind deshalb so schwierig, weil nur wenig Platz für die wichtigen Aussagen zur Verfügung steht. Aber die „kleine Form“ ist deshalb so kostbar, weil Gedanken und Einsichten sich sprachlich verdichten und eine Gestalt annehmen, die nach einiger Zeit als „gültig“ erkannt wird, zeitlos, bedeutsam auch für die eigene Biographie.

So habe ich angefangen, diese kleinen Texte zu sammeln und mich mehr als einmal darüber gewundert, dass sie von mir stammen. Solche Verdichtungen kann man nur zu einem gewissen Teil planen und bewusst gestalten, das Meiste fließt einem zu aus einer inneren Verbindung mit dem Beschriebenen und Bedachten. Ein kostbarer geistiger Raum entsteht, wenn wieder einmal die Bitte an einen herangetragen wird, einen „kleinen Text“ für einen geistlichen Anlass oder ein kirchliches Fest zu schreiben.

Erst jetzt habe ich gesehen, dass diese Andachten und Besinnungen ein Buch ergeben, ein geistliches Jahrbuch mit doppeltem Durchgang durch die Themen, die einen beschäftigen: ein Abschreiten des Kirchenjahres mit seinen Spannungsbögen und Höhepunkten, die immer auch Einfluss haben auf das eigene Leben; und ein Betrachten der Wegstationen, die sich aus der biblischen Überlieferung und den systematisch-theologischen Zuordnungen von Themen und Schwerpunkten ergeben.

So möge dieses geistliche Jahrbuch Zeugnis ablegen von dem eigenen Zugang zu biblischen und theologischen Wahrheiten und den Kolleginnen und Kollegen im Amt helfen, Anregung und Inspiration zu finden für die eigene „kleine Form“. Es gibt nichts Kostbareres als das Zutrauen zur Kraft der eigenen Gedanken, die ja doch auch alle Geschenke des Heiligen Geistes sind, wenn sie sich halten an die Wahrheit des Evangeliums.

Und den Gemeindegliedern möge dieses Buch als Wegbegleiter durchs Jahr dienen und von Zeit zu Zeit den geistlichen Impuls geben, der gerade auf dem eigenen Lebensweg benötigt wird.

Sterley, im Juni 2016 Peter Godzik

Advent

Adventsvorbereitungen

Was haben sie gemacht – die Gestalten der Weihnachtsgeschichte in der Adventszeit? Maria war schwanger, das wissen wir. Sie besuchte ihre Cousine Elisabeth, die ebenfalls schwanger ging. Sie ließ sich bestärken in der Annahme dieses besonderen Kindes durch Freude und Gotteslob. Josef war in Gefahr, seine Verlobte zu verlassen und brauchte Engelhilfe, um bei ihr zu bleiben. Also gab es schon reichlich zu tun für die Himmelsboten, die erst später mit vollen Chören öffentlich in Erscheinung traten.

Die Hirten waren wie immer bei der Arbeit, sie kümmerten sich um ihre Schafe und ahnten noch nichts davon, was da alles auf sie zukam. Einige erzählten sich am Lagerfeuer Geschichten von einem kommenden König und weckten bei den Jüngeren tiefe Sehnsüchte, die angesichts des Stalls von Bethlehem ziemlich enttäuscht wurden. Aber das ist eine andere Geschichte – und auch, wie es dem Kind in der Krippe später gelang, die Herzen der so Enttäuschten doch noch für sich zu gewinnen. Im Advent gab's erst einmal Arbeit für die Hirten und Geschichten und Sehnsüchte.

Herodes dachte eher mit Schrecken an das, was da kommen könnte. Ein neuer König sollte in Erscheinung treten, ein Konkurrent womöglich, ein Friedensfürst, wie er selber mal einer hatte werden wollen und doch nie geworden war. Er hatte eher Albträume in dieser Zeit der gespannten Erwartung und nahenden Umwälzung aller Verhältnisse und Strukturen.

Cyrenius, der römische Landpfleger in Syrien, war da nüchterner. Er stützte sich auf eine Weltmacht, auf einen Kaiser und seine Soldaten, auf Steuereinnehmer und eine ordentliche Verwaltung. Mochte da auch etwas gären im Volk – er (oder einer seiner Nachfolger) würde sie schon zur Staatsräson bringen, wenn es sein musste.

Und die Weisen aus dem Morgenland? Sie schauten fasziniert zum Himmel und sahen da etwas leuchten und zusammenwachsen, was sonst getrennt war: Sterne mit symbolischer Bedeutung. Sie lasen in alten Prophezeiungen und machten sich auf den Weg. Einer würde ihnen schon den Weg zeigen: entweder ein Engel, ein Stern oder ein Schriftgelehrter.

So hatten sie alle zu tun – die Gestalten der Weihnachtsgeschichte in der Adventszeit. Selbst die Tiere – sie muhten und blökten und spürten irgendwie eine Veränderung um sich herum.

Zu wem wollen wir uns gesellen in der Adventszeit? Gehen wir mit etwas schwanger? Sind wir dabei, wegzulaufen? Sind wir einfach bei der Arbeit? Erzählen wir Geschichten und haben Sehnsüchte? Werden wir von Albträumen geplagt oder erfüllen wir nur unsere Pflicht? Sind wir neugierig und machen uns auf den Weg? Blöken wir nur dumpf herum oder haben wir eine Idee, was da auf uns zukommen könnte? Lassen wir uns zu Himmelsboten machen, die im Kleinen besuchen und trösten und aufrichten und im Großen verkündigen und in Bewegung bringen und Verhältnisse ändern?

Womöglich steckt ja von allen Weihnachtsgestalten etwas in mir: von Maria und Josef, von den Hirten und Engeln, von Herodes und Cyrenius, von den Weisen im Morgenland und selbst von den Tieren im Stall und auf dem Feld.

Gott richtet wieder auf

Eine dreifache Anrede Gottes, die der zweite Jesaja übermittelt: zuerst an das eigene Volk, dann an die Völker, dann wieder an das eigene Volk (Jesaja 51,1-8). Worauf will der Prophet hinaus? Es wird schreckliche Zeiten geben mit viel Leid und Zerstörung. Aber in all dem überlebt sein Volk, weil es aus festem Material gemacht ist: dem Vertrauen in Gott. Er hat Abraham und Sarah berufen und aus ihnen eine Gottesfamilie gemacht. Mitten in der Zerstörung soll die Erinnerung an den Garten Eden ein Trost sein: Gott richtet wieder auf. Er lässt lebendiges Wasser hervorsprudeln aus dem Brunnen des Heils.

Gott richtet sein Recht auf inmitten der Völker. Seine Gerechtigkeit wird zum Licht der Menschen nach überstandener Katastrophe. Sein Heil tritt hervor, wenn das Unheil vergangen ist. Menschliche Überheblichkeit vergeht, aber Gottes Heil bleibt ewig.

Gott bereitet seine Frommen durch das Wort des Propheten auf kommendes Unheil vor. Sie sollen sich nicht fürchten vor Schmähung und Verhöhnung. Die so menschenverachtend denken und handeln, werden damit nicht durchkommen. Am Ende bleibt Gottes Gerechtigkeit und sein Heil.

Im 6. Jahrhundert vor Christus geschrieben und im 20. Jahrhundert nach Christus in unübersehbarer Weise Wirklichkeit geworden. Ein adventlicher Text: Gott kommt, nicht das Verderben. Das soll uns trösten, auch in unseren persönlichen Katastrophen. Am Ende wird klar: In den Wehen der Zeit tritt das Heil hervor und Gottes Gerechtigkeit bleibt. Was ihm nicht entspricht, vergeht. Ein tröstlicher Text: „dass man Wonne und Freude darin findet, Dank und Lobgesang“.

Wir beten: Gott, du hast wahrgemacht, wovon der Prophet kündet: Schmähung, Verhöhnung, Unrecht, Zerstörung, massenhaftes Sterben. Aber den Brunnen des Heils haben die Menschen nicht zuschütten können. Die Rauchschwaden des Krieges hast du überwunden mit deinem Licht: Recht und Gerechtigkeit, Beseitigung der Trümmer und Wiederaufbau. Hier und da flackert das Böse noch auf, aber es hat keine Kraft mehr, Menschen abzubringen von deinem Heil. Dank sei dir und Lobgesang für solche Freude. Amen.

Wir singen: „Die Nacht ist vorgedrungen ...“ (EG 16).

Das Lebensrecht aller Kinder Gottes

In diesen Advents- und Weihnachtstagen rüsten wir uns wieder auf den Geburtstag des Christkindes. Jesus, der Heiland der Welt, wird geboren zu Bethlehem im Heiligen Land, das immer wieder unter politischen Spannungen zu leiden hat. Das war damals schon so und ist es heute unter veränderten Bedingungen wieder.

Die Monatssprüche für Dezember und Januar haben mich darauf gebracht, nach den Ursachen dieser Spannungen zu fragen und nach Wegen zu ihrer Überwindung zu suchen. Für Dezember heißt der Monatsspruch: „Ihr werdet Wasser schöpfen voll Freude aus den Quellen des Heils“ (Jesaja 12,3 – Einheitsübersetzung) und für Januar: „Du bist ein Gott, der mich sieht“ (1. Mose 16,13b – Lutherübersetzung).

Im Heiligen Land wird um das Wasser gestritten und um das Ansehen Gottes. Beides sind elementare Grundlagen menschlichen Lebens: Werden wir geachtet und geliebt als legitime Kinder Gottes? Und: Haben wir genug zum Leben, teilen wir das uns anvertraute tägliche Wasser und Brot?

Wir vergessen leicht: Nicht nur Abraham bekam eine große Verheißung – auch Hagar, die ägyptische Magd seiner Frau Sara: „Ich will deine Nachkommen so mehren, dass sie der großen Menge wegen nicht gezählt werden können ... Du wirst einen Sohn gebären, dessen Namen sollst du Ismael nennen; denn der Herr hat dein Elend erhört. Er wird ein wilder Mensch sein; seine Hand wider jedermann und jedermanns Hand wider ihn, und er wird wohnen all seinen Brüdern zum Trotz“ (1. Mose 16,10-12).

Der große Konflikt zwischen Judentum, Christentum und Islam hat Namen von Söhnen: Ismael und Isaak – später Jesus. Genau genommen hat Vater Abraham noch mehr Söhne gehabt, nämlich sechs weitere von seiner zweiten Frau Ketura, wie Hagar eine Ägypterin: Simran und Jokschan, Medan und Midian, Jischbak und

Schuach (1. Mose 25,1-2). Geerbt aber hat nur Isaak: „Den Söhnen, die er von den Nebenfrauen hatte, gab er Geschenke und schickte sie noch zu Lebzeiten fort von seinem Sohn Isaak, nach Osten hin ins Morgenland“ (1. Mose 25,6). Einer freilich kehrte wieder um und war da, als sein Vater Abraham beerdigt werden musste: Ismael. „Und es begruben ihn seine Söhne Isaak und Ismael in der Höhle von Machpela ...“ (1. Mose 25,9). Noch heute gibt es Streit zwischen Juden und Palästinensern um das Grab des Patriarchen Abraham in der Nähe von Hebron.

Wie viele Söhne hatte Vater Abraham? Auf diese Frage habe ich selten eine richtige Antwort erhalten. Es waren acht. Und es ist für uns alle nicht gut, wenn Mütter und Väter, Söhne und Töchter, überhaupt Menschen vertrieben, vergessen, nicht weiter beachtet werden wie zu allen Zeiten in der Geschichte der Menschheit. Gott will das nicht: Er sieht, er rettet, er schützt und bewahrt. Gott rettet Hagar zweimal am „Brunnen des Lebendigen, der mich sieht“ (1. Mose 16,14 und 21,19). Und wir sollen auch so sehen und achtgeben lernen wie Gott und das Lebensrecht der verschiedenen Söhne und Töchter Gottes anerkennen.

Frieden zu schaffen in der Welt hat damit zu tun, dem anderen das Wasser zu lassen, die Lebensgrundlage, und nicht daran zu gehen, „dem anderen das Wasser abzugraben“. Streitfragen unter den Menschen von großer politischer Bedeutung sind oft Wasserfragen, Fragen des Zugangs zu gesundem Trinkwasser und auch Fragen des Zugangs zu Häfen, um Handel und Wandel treiben zu können.

Sind wir bereit, das Wasser, den Zugang zum Wasser zu teilen? Werden wir auch im übertragenen Sinne gemeinsam Wasser schöpfen aus den Quellen des Heils? Jesus, auf dessen Ankunft als Retter wir warten in der Adventszeit und dessen Geburt wir wieder feiern in den zwölf heiligen Nächten vom 24. Dezember an hat sich selber so verstanden: als Brunnen des Heils. Zur Samaritanerin sagt er über das Wasser aus dem Brunnen des Erzvaters Jakob, an dem sie sich trafen: „Wer von diesem Wasser trinkt, den wird wieder dürsten; wer aber von dem Wasser trinken wird, das ich ihm gebe, den wird in Ewigkeit nicht dürsten, sondern das Wasser, das ich ihm geben werde, das wird ihm eine Quelle des Wassers werden, das in das ewige Leben quillt“ (Johannes 4,13-14).

Weihnachten heißt: Wir dürfen schöpfen aus dem Brunnen des Heils und wir dürfen gewiss sein, dass Gott uns sieht.

Heiligabend

Gottes Gabe – ein Kind

Auf den ersten Blick ist das ein etwas spröder und fremder Text, der uns da zu Weihnachten begegnet: Galater 4,4-7. Nicht der Glanz der Weihnachtsgeschichte aus dem Lukas-Evangelium. Und doch enthält er das Wesentliche von Weihnachten in dichter und präziser Sprache. Wie eine Knospe, die sich entfaltet, wenn wir uns nur ein wenig Zeit nehmen, ihre Kraft und Schönheit zu betrachten.

„Als die Zeit erfüllt war, sandte Gott seinen Sohn ...“

Paulus hat damit ohne Frage ein geschichtliches Ereignis gemeint: die Geburt Jesu in Bethlehem im judäischen Lande; die Erfahrung des Glaubens, dass Gott sich in diesem Menschen in besonderer und einmaliger Weise uns Menschen zugewandt hat. Aber das eigentliche Geheimnis von Weihnachten liegt in seiner Wiederholung! „Alle Jahre wieder kommt das Christuskind auf die Erde nieder, wo wir Menschen sind“, so singen wir. Offenbar erfüllt sich die Zeit immer wieder, in der es nötig wird, dass Gott uns seinen Sohn schickt.

Freilich nicht so, dass er in einem äußeren Sinn immer wieder in Erscheinung tritt. Nein, da muss es bei dem einmaligen Ereignis in Bethlehem damals bleiben. Aber doch so, dass er innerlich in uns immer wieder von neuem geboren wird, damit wir heil werden. Angelus Silesius, der große schlesische Mystiker, hat das einmal so ausgedrückt: „Wär' Christus nur in Bethlehem geboren und nicht in dir, du bliebst in Ewigkeit verloren.“

Alle Jahre wieder ist die Zeit reif für uns, dass der Christus neu geboren wird in uns und unsere Herzen verwandelt. Das gilt für das Leben des Einzelnen, für unsere Familien und für die Gesellschaft, in der wir leben. Wir machen viele Fehler im Laufe eines Jahres, laden Schuld auf uns, kommen vom Weg ab und irren umher. Da wird es Zeit, dass wir zurückfinden zum Grund unseres Lebens: „Ehre sei Gott in der Höhe und Friede auf Erden und den Menschen ein Wohlgefallen.“

Jedes Jahr – wenigstens einmal zur Weihnachtszeit – werden wir daran erinnert, worauf wir vertrauen können in unserem Leben, was wirklich trägt in einer dunklen und ungerechten Welt.

Wie viele Menschen haben geseufzt in diesem Jahr, haben sich verloren und verlassen gefühlt im persönlichen, im familiären und im politischen Leben. Und nun ist wieder Weihnachten geworden: „Als die Zeit erfüllt war, sandte Gott seinen Sohn ...“ Das heißt: Wir sind nicht allein. Uns begleitet Gottes Liebe. Sie will von neuem geboren werden in unseren Herzen und uns verwandeln zu Menschen seines Wohlgefallens.

„Geboren von einer Frau und unter das Gesetz gestellt ...“

Wieder meint Paulus damit ein geschichtliches Ereignis und eine einmalige, unwiederholbare Erfahrung: Jesus wird geboren von einer jungen Frau, Maria, und lebt sein Leben unter den Bedingungen der damaligen Zeit mit ihren Vorschriften und Regelungen, ihren Gesetzen und Machtstrukturen. Und doch enthält auch diese Bemerkung ein tiefes Geheimnis, das Zeiten und Räume überschreitet und auch etwas aussagt über unser Leben und über unsere Situation.

„Geboren von einer Frau und unter das Gesetz gestellt ...“ – diesen Satz könnten wir von jedem von uns sagen und darin die beiden Pole entdecken, zwischen die unser Leben eingespannt ist: das weibliche und das männliche Element unseres Lebens. Jeder trägt ein Stück vorbehaltlose Liebe in sich, das weibliche Prinzip seines Lebens, und jeder trägt ein Stück Gesetz in sich, das männliche Prinzip seines Lebens. Symbolisch verdichtet finden wir diese beiden Prinzipien in zwei Gestalten der Weihnachtsgeschichte wieder: in Maria und Herodes. Auf der einen Seite die hingebungsvolle, liebende Frau: „Mir geschehe, wie du gesagt hast.“ Auf der anderen Seite der machthungrige und um seine Sicherheit besorgte Mann: „Da das der König Herodes hörte, erschrak er ...“

In jedem von uns lebt ein Stück Maria und ein Stück Herodes: Wir versuchen, das Neue in uns zum Leben zu erwecken, den Christus in uns zu gebären. Und gleichzeitig sind wir besorgt, halten fest am Alten und Gewohnten, versuchen zu ersticken, was sich da an Neuem regt, weil wir Angst haben.

„Geboren von einer Frau und unter das Gesetz gestellt ...“ – das beschreibt unser aller Situation, und es ist die Frage, was am Ende den Sieg davonträgt – das Prinzip der Liebe oder das Prinzip der Sicherheit, die Maria oder der Herodes in uns.

Wenn wir uns die Welt anschauen, in der wir leben, dann spricht viel dafür, dass Herodes immer wieder gewinnt und die Oberhand behält – wenn wir einander unterdrücken und abschrecken, mit dem Untergang bedrohen und gegenseitig verteufeln, nur um unsere eigenen Privilegien und Machtstrukturen zu retten.

Aber der Herodes-Kultur in uns und um uns herum begegnet immer wieder das Wunder einer Geburt. Ein Mensch wird geboren, nackt und bloß, hilflos und klein, auf unsere Fürsorge angewiesen. Und darin liegt am Ende doch größere Kraft als im Festhalten und Töten.

Weihnachten lehrt uns, dem Leben mehr zu vertrauen als dem Tod, der Liebe mehr als all unserer Angst.

Das Wunder der Weihnacht

Das Wunder der Weihnacht besteht darin, dass Gott von sich aus die zerbrochene Gottebenbildlichkeit im Menschen wiederherstellt in diesem Kind in der Krippe. Es ist ein armseliger Anfang, bedroht und gefährdet von allen Seiten. Aber es ist ein Anfang, der weitergeht und den niemand mehr herausschaffen kann aus dieser Welt – auch Tod und Teufel nicht. Damit sind wir gerettet – es kann etwas wachsen und neu werden in uns. Unser Herz kann zum Stall und zur Krippe werden, in dem das Gotteskind, unsere menschliche Würde, so wie wir gemeint sind von Anfang an, neu geboren werden kann. Klein und bescheiden fängt es an, aber es hat eine große Verheißung: „Seht, welch eine Liebe hat uns der Vater erzeigt, dass wir – wir! – Gottes Kinder heißen sollen – und es auch sind“ (1. Johannes 3,1).

Wenn wir das verstanden haben, dass nach der Geburt des Gottessohnes in der Heiligen Nacht wir selber an Weihnachten zu Gotteskindern geworden sind, dann ist alles gut, dann ist Gott mit seiner frohen und liebevollen Botschaft bei uns angekommen. Denn um anderes oder weniger geht es nicht. Was nützt uns die Geburt eines Heilandes, der uns fremd bleibt, den wir nicht annehmen können in unserem persönlichen Leben? Wenn nur dieser eine da oder auch noch ein paar andere zu Gotteskindern werden und nicht wir selbst – jeder und jede einzelne von uns.

Das Bibelwort aus dem 1. Johannesbrief enthält nicht nur die befreiende Botschaft für heute: Du bist ein Gotteskind!, sondern auch das Evangelium für die kommenden Tage und Zeiten des neuwerdenden Jahres und für unsere darin sich wandelnde Lebensgeschichte: „Es ist noch nicht offenbar geworden, was wir sein werden. Wir wissen aber: wenn es offenbar wird, werden wir ihm gleich sein“ (1. Joh. 3,2). Das Ziel ist klar: wir werden christusförmig werden, wachsen zu ihm hin, der das Haupt ist.

In unserem Christsein den Christus anziehen und in sein Antlitz verwandelt werden: Das wird nicht auf einmal geschehen können, das wird viel Zeit brauchen und durch viele Ängste und Nöte hindurchgehen. Christus ist das auch nicht erspart geblieben, zu seufzen und zu weinen, geängstigt und geschlagen zu werden. Ja, die tiefste Einsamkeit und den Foltertod hat er ertragen müssen und ist darin in seinem Vertrauen nicht zuschanden geworden. „Mein Gott, mein Gott, warum hast du mich verlassen“, hat er geschrien wie so viele gequälte Menschen. Aber er hat doch am Ende sagen können: „Vater, vergib ihnen, denn sie wissen nicht, was sie tun!“ Und: „In deine Hände befehle ich meinen Geist.“

Es ist nicht leicht, diese Haltung der Liebe und Barmherzigkeit anzuziehen und darin ein Gotteskind zu werden. Es geht eigentlich nur, indem wir uns ganz bewusst darauf vorbereiten – wie das z.B. ein Künstler oder Sportler tut, der etwas Großes leisten möchte. Im Wettkampf oder in der Darbietung vor anderen kommt es darauf an, sich ganz bewusst zu konzentrieren, all das Nebensächliche, Verführerische und Ablenkende abzutun und ganz da zu sein, damit das gelingt, was ich mir vorgenommen habe. Menschen, die solches vorhaben, geben oft durch die Kleidung zu erkennen, in welcher Konzentration sie sich befinden, worauf sie all ihr Augenmerk richten wollen.

Deshalb ist ein Vorgang so bedeutsam, der sich alljährlich am Heiligen Abend im Schleswiger Dom abspielt: Vor aller Augen bekommt das Christuskind aus dem Brüggemann-Altar ein neues weißes Kleid angetan und wird dann zurück an seinen Platz im Sakramentshaus des Altars gebracht. Es ist ein Vorgang uns zur Mahnung und uns zur Erinnerung: Auch wir sollen Christus anziehen, uns reinigen von aller Sünde, ein neues Gewand anlegen – das weiße Gewand unserer Taufe und Verbundenheit mit Christus. Denn dazu ist Christus erschienen: dass er die Sünde wegnehme und uns ein neues Leben ermögliche in wiederhergestellter Gottebenbildlichkeit und unverlierbarer Gotteskindschaft.

Dazu ist die Kirche da, dazu hat Christus das Abendmahl eingesetzt: Dass wir Menschen befreit werden von der Last eines verfehlten Lebens und einen neuen Anfang wagen dürfen. Das also ist die Botschaft von Weihnachten: Gott schenkt uns seinen Sohn – seht, welch eine Liebe!

Weihnachten – ein Transparentbild

„Alle Jahre wieder ...“, so singen wir seit unserer Kindheit. Und alle Jahre wieder hören wir zu Weihnachten die gleiche Geschichte: Die Geschichte von der Geburt Jesu im Stall von Bethlehem. Es ist eine der schönsten Geschichten der Welt. Wir können sie immer wieder hören und freuen uns jedes Mal neu an den alten Worten. Es ist so, als komme etwas Heiliges in unsere Welt mit diesem Kind, etwas Neues und Belebendes.

Wir erinnern uns an die Weihnachtsfeste unserer Kindheit. Was konnten wir uns da freuen! Und wie gespannt waren wir in der Zeit davor! Vieles von dem, was wir selbst erlebt haben als Kind, versuchen wir hinüberzuretten und zu erhalten für Kinder und

Enkelkinder. Der Zauber von damals soll wieder neu glänzen. Es ist, als würden wir zu Weihnachten selber wie neu werden. Als weckte das Kind in der Krippe bei uns die Sehnsucht, neu anfangen zu können.

Neu werden, erneuert werden, das scheint Weihnachten zu versprechen. Auch unsere Wohnungen und Häuser machen da mit. Vor dem Fest wird neben all dem, was sonst zu bedenken und zu erledigen ist, meist auch aufgeräumt und sauber gemacht. Und dann wird geschmückt. Die Zweige erhalten Anhänger, Fensterbilder und Figuren kommen hinzu und viele Kerzen. So, als bräuchten wir ein neues Licht in dieser dunklen Zeit.

Und bei all dem Weihnachtsschmuck ist oft auch ein Stück Papier dabei, das sich flach weglegen lässt, aber auch aufgestellt werden kann: ein Transparentbild. Ein Bild, hinter dem ein Licht aufgestellt wird, damit es durch das Bild hindurch scheint. Und so leuchtet in vielen Stuben ein kleines Bild, meist ist es wohl die eine oder andere Darstellung der Geburt im Stall. Der Rahmen des Bildes geht über in die Wände des Stalles. Darüber steht ein Stern. Ochse und Esel dürfen nicht fehlen, manchmal auch Hirten und Könige, dann Maria und Josef und die Krippe und darin das Kind. Von ihm geht am meisten Licht aus. Hier leuchtet das kleine Transparent am hellsten.

Diese Bilder sind wie ein Fenster in eine andere Welt. So als würden wir hinausschauen in eine andere Wirklichkeit, als könnten wir, obwohl wir auf einen Stall blicken, ein Stück Himmel sehen. Ein Stück Himmel auf Erden. Und das kleine Lichtbild verbreitet einen Glanz, der zwar nicht hell ist, der aber mehr leuchtet, uns mehr erleuchtet als manche elektrische Birne.

Wie ein Transparentbild, das leuchtet, so steht zu Weihnachten die Geburt Jesu da: Wir sehen mehr als nur eine Geburt, wir sehen dahinter Gott. Aber das besondere daran ist: Nicht nur wir sehen Gott neu, Gott sieht auch uns neu durch diese Geburt. Wir blicken durch das Bild auf Gott, aber Gott blickt auch durch das Bild auf uns.

Vielleicht ist das der Zauber, der Weihnachten ausmacht. In der Geburt im Stall erkennen wir etwas, das größer ist, als wir es in Worte fassen könnten. Wir erkennen Gott. Und nicht nur das: Auch wir werden erkannt, auch wir stehen in einem neuen Licht da. Gott erkennt uns in dieser Geburt.

Das Bild vom Transparent hilft uns, Weihnachten zu verstehen. Ein neues Licht leuchtet für uns. Natürlich muss man nicht hingucken. Es gibt ja auch viele andere Lichter. Da ist vieles andere, was leuchtet und auf sich aufmerksam machen will. Da sind die vielen anderen großen Lichter, und vielleicht wollen wir ja auch selbst so ein großes Licht sein. Wo zu viel anderes Licht ist, da ist das Licht im Stall schwer zu sehen. Doch da, wo wir nicht nur auf die Lichter und Leuchten starren oder das neue „ewige Licht“, den Bildschirm, da sehen wir ein kleines Bild, ein Transparent, das die ganze Welt leuchten lässt. Das kleine Licht im Stall von Bethlehem ist das große Licht, das alle Dunkelheiten erleuchten kann.

Gott öffnet sich für das Dunkel unserer Welt. Er öffnet sich auch für das Dunkel in uns. Lassen wir ihn doch leuchten in der Welt und in uns. Was mühen wir uns um andere Lichter! Hier im Stall von Bethlehem ist das wahre Licht, das Licht Gottes. Durch die Geburt Jesu scheint in alles Dunkel ein Licht. Der Stall am Rande der kleinsten Stadt ist ein Bild für alle Dunkelheiten, die in und um uns sind. Und gleichzeitig erleuchtet er alles Dunkel. Und auch Gott leuchtet für uns neu.

Das Transparentbild wird irgendwann nach Weihnachten wieder zusammengelegt und weggepackt. Doch das Licht, das da hindurch schien, leuchtet weiter im Dunkeln und es wird weiter leuchten, bis alles hell und klar ist.

Gottesgeschenk

Wer sich in diesen Tagen wieder die Krippen in den Kirchen anschaut oder vielleicht selber eine Krippe zu Hause aufgebaut hat, der weiß: Wenn die Krippe über mehr Figuren als das Jesuskind, Maria und Josef verfügt, dann gehören auch Schafe dazu. Oft sind es gleich mehrere. In mancher Krippe kann man eine ganze Herde finden.

Häufig ist dann auch ein Hirte dabei, der ein Lamm auf seiner Schulter trägt. Er bringt es dem Jesuskind. So wie wir uns zu Weihnachten beschenken, so wollten auch die Hirten damals nicht mit leeren Händen vor Jesus stehen. Was sollten sie mitbringen? Sie bringen ihm das, wovon sie leben: Sie bringen ein Lamm. Der Hirte mit dem Lamm auf seiner Schulter steht für die Freude, die die Geburt Jesu bereitet. Und es ist ein Zeichen der Dankbarkeit für das, was dort in Bethlehem geschehen ist. „Seht, welch eine Liebe hat uns der Vater erwiesen, dass wir Gottes Kinder heißen sollen“ (1. Johannes 3,1).

Das ist die Weihnachtsbotschaft in einem kurzen Satz. Gottes Sohn wird als Kind in diese Welt geboren, damit wir Gottes Kinder werden. Gottes Kinder: das heißt Menschen, die Gott gern hat, die Gott liebt, und für die er sorgt. Und Gottes Kinder zu sein, bedeutet auch, etwas von Gott zu haben, so wie Kinder immer etwas von ihren Eltern besitzen. „Wir wissen aber: wenn es offenbar wird, werden wir ihm gleich sein“ (1. Johannes 3,2). Wenn Gott uns zu seinen Kindern macht, gibt er uns etwas von sich selber. Er will uns auch etwas von seinem Leben schenken, das ewig ist. Wir sind Gottes Kinder, von ihm geliebt. Und darum werden wir nie, auch im Tode nicht, verloren gehen: Ein wunderbares Geschenk, das Gott uns macht. Ein Geschenk, das fröhlich und dankbar macht und das es wert ist, weitergegeben zu werden. Der Hirte mit dem Lamm auf seiner Schulter in der Weihnachtskrippe ist dafür ein besonders schönes Bild.

Eine weihnachtliche Legende erzählt: Ein Lamm hat sich verirrt. Es ist in Not. Aber niemand hört sein Klagen. Alle sind auf dem Weg nach Bethlehem, um das Kind in der Krippe zu sehen. Ein Hirte aber hört das Lamm. Und er geht, um diesem Lamm zu helfen. Er verzichtet auf den großen Augenblick. Er verzichtet auf das, was der Engel angekündigt hat, auf den weihnachtlichen Glanz im Stall. Er verzichtet, weil er spürt: Ich werde gebraucht.

Diese Legende erinnert uns an das, was ebenfalls dazu gehört, wenn man Gottes Kind ist. Etwas von Gott haben, heißt auch, etwas von seiner Liebe weitergeben.

Für den Hirten ist das keine Frage. Er liebt das Lamm und darum sucht er es und möchte ihm helfen. Liebe bedeutet manchmal Verzicht. Wer sich für einen anderen Menschen einsetzt, wer für das Wohlergehen eines anderen eintritt, wer nicht vorbeigeht, wenn jemand in Not ist, der muss etwas einsetzen. Vielleicht ist es Zeit, vielleicht Geld, vielleicht auch die Überwindung von Vorurteilen. Am Ende merkt der Hirte, dass er durch seinen Verzicht nichts verloren hat, ja dass gerade durch seine Liebe das weihnachtliche Geschehen ihm ganz nahe gekommen ist.

Gottes Liebe macht uns durch seinen Sohn Jesus Christus zu seinen Kindern. Kann es denn sein, dass wir angesichts einer solchen Liebe kalt und hartherzig bleiben? „Und ein jeder, der solche Hoffnung auf ihn hat, der reinigt sich, wie auch jener rein ist ... Wer in ihm bleibt, der sündigt nicht; wer sündigt, der hat ihn nicht gesehen und nicht erkannt“ (1. Johannes 3,3.6).

Im Weihnachtsbild der Wieskirche stehen auch Zacharias und Elisabeth mit ihrem Sohn Johannes vor der Krippe. Der Knabe Johannes hält in seinen Händen ein Lamm, das er dem Jesuskind reicht. Damit wird auf das Wort angespielt, das Johannes einmal über Jesus sagen wird: „Siehe, das ist Gottes Lamm, das der Welt Sünde trägt“ (Johannes 1,29). So weist der Maler hier schon über Weihnachten hinaus: Jesus selber ist das Lamm Gottes, das die Sünde der Welt auf sich nimmt. Seine Liebe ist so groß, dass er für die Schuld der Welt und ihre Lieblosigkeit ans Kreuz geht. „Und ihr wisst, dass er erschienen ist, damit er die Sünden wegnehme, und in ihm ist keine Sünde“ (1. Johannes 3,5).

Auch das gehört zur Weihnachtsbotschaft: Nichts soll mehr zwischen uns und Gott stehen. Selbst wo unsere Liebe zu schwach war und wir nicht umgekehrt sind, um dem verletzten Lamm zu helfen, wo wir an unseren Mitmenschen schuldig geworden sind, verstößt uns Gott nicht als seine Kinder. Selbst dort, wo unsere Liebe zu schwach ist, weist Gott uns auf das Kind in der Krippe und auf den Mann am Kreuz: „Seht, das ist mein Lamm, das der Welt Sünde trägt."

Und darum kann der Apostel trotz aller menschlichen Schwächen, die auch ihm bekannt sind, voller Überzeugung sagen: „Seht, welch eine Liebe hat uns der Vater erwiesen, dass wir Gottes Kinder heißen sollen – und wir sind es auch" (1. Johannes 3,1).

Zeichen der Freude

Wer durch eine gotische Kathedrale geht, kann ihnen begegnen, überraschend und wohltuend. Freilich, viele werden sie gar nicht wahrnehmen, denn eher zurückhaltend, fast flüchtig nur sind sie gegenwärtig. Der Frage „Hast du sie gesehen, die Engel an den Pfeilern und Konsolen, die zarten Gestalten, aus hartem Stein heraus gemeißelt und doch sanft und leicht, als würden sie schweben?" wird ein Kopfschütteln folgen: Engel? Nein, die sind mir nicht begegnet. Oder vielleicht doch?

Denn, ganz zurückhaltend nur, aber doch wie von selbst, prägen sie die Atmosphäre des Raumes. Ihre zarten Konturen brechen die harten, steinernen Kanten, schmiegen sich um spitze Ecken, runden schroffe Übergänge ab und machen aus kahlen Wänden belebten Raum, geben den Schritten etwas Beschwingtes und tun der Seele wohl, auch wenn die Augen sie übersehen. Es ist, als fiele in frostige Kälte ein wärmendes Licht, und aus strenger, distanzierter Architektur wird heimatlich-wohliger Raum, der einlädt zum Verweilen. Wer die Einladung annimmt, sich umschaut und die Stille in sich einziehen lässt, wird sie dann auch sehen, diese Engel, wie sie heraustreten aus dem Verborgenen, als kämen sie den Betrachtern entgegen: Freuet euch! Der Herr ist nahe!

Edle Gesichter, ein stilles, wissendes Lächeln auf den Lippen, steinerne Strenge lösend, Trennungen aufhebend und die Wirklichkeit der Welt berührend mit zarter Gebärde oder einer unhörbaren Melodie, die doch wie von selbst widerklingt in der Seele und den Raum zu füllen scheint, weil plötzlich das Unsichtbare die vordergründige Welt berührt und ein Ahnen des Himmels aufgeht, der unsere in sich geschlossene Welt aufbricht und etwas vom Glanz der Herrlichkeit Gottes ins Grau eines Tages scheinen lässt.

Solche Engel sind Zeichen am Weg, sichtbar vor Augen stellend, wie die Wirklichkeit Gottes unser Denken und Fühlen anrühren will und Verbindung schaffen zwischen

Gott und Mensch, behutsam, zärtlich fast, werbend, gewiss machend: Ich bin nicht allein, bin begleitet, bewahrt, umschlossen von Gottes guten Gedanken, die Raum finden wollen in mir, mich getrost und frei und fröhlich machen. Und dann begleiten sie auch hinaus in die Unruhe und Umtriebigkeit eines Tages, auf die Gassen und Plätze mit den lauten Stimmen, den grellen Farben und den schrillen Tönen, die um unser Herz werben. Doch wer das Bild jener Engel in sich trägt, wird auch etwas von der Stille mitnehmen, die sie ausstrahlen, und jenen Glanz in sich tragen, der überall da aufscheint, wo der Himmel unsere Erde berührt und ein Herz gewiss wird und sich freut über die Erfahrung: Der Herr ist nahe!

Was für eine Liebe!

„Seht, welch eine Liebe hat uns der Vater erwiesen" (1. Johannes 3,1) – das ist die Botschaft des Weihnachtsfestes. Was bedeutet es, dass wieder so viele Menschen in die Heiligabend-Gottesdienste kommen, um die Botschaft der Liebe Gottes zu hören?

Viele Menschen kommen als Mühselige und Beladene, als Zweifelnde und Suchende. Sie möchten erleben, dass das Wunder einer herzlichen Liebe auch sie ergreift. Manche können gar nicht mehr glauben, aber sie bringen eine Erwartung und eine stille Hoffnung mit: Gott glaubt an mich, Gott wendet sich mir zu, Gott fängt in diesem Kind auch noch einmal mit mir ganz neu an.

„Seht, welch eine Liebe hat uns der Vater erwiesen" – das sehen wir, das hören wir in unseren ganz unterschiedlichen Lebenssituationen. Und wir sind dankbar, dass da mit dem neugeborenen Kind auch etwas neu werden darf in uns.

„Wir sollen Gottes Kinder heißen – und wir sind es auch" (1. Johannes 3,2). Gottes Kinder – das klingt liebevoll und herzlich. Ein fröhliches Gotteskind zu sein – wer wünschte sich das nicht? Aber gleich mischen sich Zweifel und Skepsis ein, weil wir so schrecklich erwachsen und nüchtern geworden sind.

Wir können es uns nicht leisten, als Kinder herumzulaufen. Wir müssen nüchtern und realistisch sein, unsere Verantwortung wahrnehmen in dieser komplizierten Welt, unsere Arbeitskraft einbringen und unsere Sehnsüchte und Erwartungen auf ein verträgliches Maß zurückschrauben. Was heißt es da, ein fröhliches Gotteskind zu sein?

„Kindsein" meint ja nicht ein kindisches und unreifes Verhalten, keine Schlaraffenland-Träume, sondern das tiefe Vertrauens- und Verpflichtungsverhältnis, das sich daraus ergibt, dass das Kind einmal der Erbe sein wird.

Gotteskinder sind Gotteserben und bekommen damit eine hohe Würde zugesprochen. Wir sind eben nicht bloß Knechte und Mägde, keine Leibeigenen oder Untertanen, sondern geliebte Kinder, zukünftige Erben der großen Verheißungen Gottes. Darin liegt unsere ganze Würde als Menschen. Von Anfang an sind wir so gemeint – von der Schöpfung der Welt her, von unserer eigenen Geburt und Namensgebung her sind wir in diesen bedeutsamen Zusammenhang gestellt: Gottes Kinder und seine Erben zu sein.

Aber wie sind wir umgegangen mit diesem Geschenk und Erbe unserer Gottebenbildlichkeit in der Geschichte der Menschheit? Bilder von Krieg und Vertreibung, von Diebstahl, Vergewaltigung und Mord gemahnen uns daran, dass wir Menschen in all den Jahren des Leids und der gegenseitigen Verletzung nur wenig dazugelernt haben.

Wir verachten und beschädigen unser Erbe; wir verweigern uns, so zu leben, wie wir gemeint sind: als Gottes Kinder und seine Erben in Liebe und Gerechtigkeit. Wir zerstören unsere Gottebenbildlichkeit und verkehren sie ins Gegenteil.

Aber auch wenn wir aufgehört haben, an Gott zu glauben, so hört doch Gott nicht auf, an uns zu glauben. Er geht uns nach mit Liebe und Strenge, er sucht uns mit großer Geduld und Barmherzigkeit, er möchte uns heimbringen und heil machen; er möchte, dass wir umkehren und zurückfinden ins Vaterhaus.

So schenkt er uns sein heilendes und zurechtbringendes Wort durch all die Prediger und Propheten, die er unablässig rufen lässt, wie liebevoll und barmherzig er ist, geduldig und von großer Güte. Er will ja nicht unseren Tod und unser Verderben, sondern dass wir leben und fröhlich sind. Er will sich nicht auf ewig von uns abwenden und für immer zornig bleiben, obwohl wir es mit manchem Übermut durchaus verdient hätten.

Er schenkt uns als Zeichen seiner unendlichen Liebe seinen Sohn, damit auch in uns etwas Neues geboren werden kann und wir wieder werden, was wir von Anfang an waren: Gottes Kinder und seine Erben in Liebe und Gerechtigkeit.

Das Wunder der Weihnacht besteht darin, dass Gott von sich aus die zerbrochene Gottebenbildlichkeit im Menschen wiederherstellt in diesem Kind in der Krippe. Es ist ein armseliger Anfang, bedroht und gefährdet von allen Seiten. Aber es ist ein Anfang, der weitergeht und den niemand mehr herausschaffen kann aus dieser Welt – auch Tod und Teufel nicht. Damit sind wir gerettet. Es kann etwas wachsen und neu werden in uns.

Unser Herz kann zum Stall und zur Krippe werden, in dem das Gotteskind, unsere menschliche Würde, neu geboren werden kann. Klein und bescheiden fängt es an, aber es hat eine große Verheißung: „Seht, welch eine Liebe hat uns der Vater erwiesen, dass wir Gottes Kinder heißen sollen – und es auch sind!“

Wenn wir das verstanden haben, dass mit der Geburt des Gottessohnes in der Heiligen Nacht wir selber an Weihnachten zu Gotteskindern geworden sind, dann ist alles gut, dann ist Gott mit seiner frohen und liebevollen Botschaft bei uns angekommen. Denn um anderes geht es nicht.

Weihnachten – ein neuer Anfang im Licht

Weihnachten – für uns im Norden ein Fest inmitten der Dunkelheit. Das liegt an der Jahreszeit und am Wetter. Die Sonne steht in diesen Tagen tief und immer nur für kurze Zeit am Himmel, die Nächte sind lang. Die Gottesdienstbesucher am Heiligen Abend werden in den Kirchen von Lichtschein empfangen. Kerzen leuchten zu Weihnachten, um der großen Dunkelheit etwas entgegen zu setzen. Zu Hause wartet bei den meisten der Tannenbaum. Seine Lichter werden das Zimmer hell und warm glänzen lassen, so freundlich wie sonst kaum im Jahr. Sie leuchten in die Dunkelheit dieser Tage hinein. Sie bilden Inseln des Lichts und der Geborgenheit in unseren Wohnungen. Sie stehen an gegen die Düsternis ringsum. Wir zünden Lichter an, um uns trotz der Dunkelheit nicht verloren vorzukommen.

Wir feiern Weihnachten mitten in großer Dunkelheit nicht nur um uns herum, sondern auch in uns. Die Dunkelheit versucht, uns in ihren Bann zu schlagen. Sie will sich unserer Seele bemächtigen. Die Finsternis lässt uns klagen: Wie viel Lieblosigkeit ist doch in unserer Welt; wie viel Kälte, Rohheit und Gewalt; wie viel Elend, Armut und Heimatlosigkeit. Um solcher Finsternis willen wird Weihnachten. Nicht, um den Sieg der Dunkelheit zu feiern, sondern um Licht in sie zu bringen. Weihnachten widerspricht dem Eindruck, dass die Finsternis das wahre Bild unserer Welt zeigt. Weihnachten lässt das Ende ihrer Herrschaft in den Blick kommen. Weihnachten hilft auch, sich ihrer bedrohlichen Anziehungskraft zu entziehen. Wir werden gefragt: Was behält bei dir die Oberhand, wem gibst du die Stimme, wem dein Herz: dem Hellen oder dem Dunklen?

Zu Weihnachten wiegen Enttäuschungen besonders schwer. So manche und mancher ist den Tränen nahe und versucht mühsam, sie hinunterzuschlucken. So groß die Hoffnung auf ein „gesegnetes Fest“ auch sein mag, es wird als Bedrohung empfunden, die Wirklichkeit könnte der Sehnsucht nicht gewachsen sein. Ausgerechnet Weihnachten wird dann selbst zur Ursache für eine Verfinsterung des Sinnes, für ein verdunkeltes Gemüt, für eine tiefe Traurigkeit. Während sich die einen ungetrübt freuen an Liedern, Kerzenschimmer und Gänsebraten, fühlen sich andere bedroht und eingeschnürt von umgebender und inwendiger Dunkelheit. Aber gerade für sie soll Weihnachten ein Fest der Freude und Aufhellung werden: „Gott will im Dunkel wohnen und hat es doch erhellt" (EG 16,5).

Von den Hirten auf den dunklen Feldern von Bethlehem wird erzählt: Die Klarheit des Herrn umleuchtete sie (Lukas 2,9). Das ist Weihnachten. Gegen die Umdüsterung nach innen und die Verzweiflung nach außen leuchtet wie ein Komet die Weihnachtsbotschaft auf: „Euch ist heute der Heiland geboren!" Das Licht ist in die Welt gekommen. Was verkorkst ist an unserer Art, das Fest zu feiern, soll uns nicht länger den Blick verschleiern für diese Nachricht. Was an Hass und Krieg ist in der Welt, auch an Heiligabend, gilt uns nicht mehr als Verdunkelung aller Aussichten. Was wir an Glanz und Glitzer aufbringen in unseren Einkaufsstraßen, um künstlich Helligkeit zu schaffen – all das verblasst und wird in den Schatten gestellt. Das wahre Licht ist in die Welt gekommen in einem Kind. Das Leben selbst hat das Licht der Welt erblickt. Und wer dies Neugeborene in der Krippe ansieht, dem kann klar werden: Du sollst selber neu geboren werden. Du kannst unschuldig und unbeschwert wie ein Kind wieder von vorn anfangen. Du sollst nicht länger glauben, die ganze Last der Finsternis läge auf deinem Rücken. Du kannst das Licht der Welt erblicken. Weihnachten schafft Gott die Welt neu, weil er sie liebt.

Weihnachten

Zeit der Geschenke

Weihnachten ist die Zeit der Geschenke. Wir freuen uns über so manch erfüllten Weihnachtswunsch, werden überrascht von Unvorhergesehenem, sind verwundert über Besonderheiten, die uns rätselhaft erscheinen und vielleicht auch nachdenklich stimmen. Geschenke haben es an sich, dass wir sie nicht allein bestimmen können, sondern mit ihnen immer überrascht werden von einer besonderen Geste des Gebers oder der Geberin.

Das eigentliche Weihnachtsgeschenk ist das Kind in der Krippe: Es „liegt dort elend, nackt und bloß in einem Krippelein" – umgeben von Ochs und Esel, von Hirten und Königen, die gekommen sind, um anzubeten. Was hat Gott den Eltern dieses Kindes, was hat er uns allen mit diesem Kind geschenkt? Können wir es aus seiner Verpackung, aus seinen Windeln, herausnehmen und näher zusehen, was da enthalten ist in all den unscheinbaren Hüllen?

Der Apostel Paulus schreibt: „In Christus liegen verborgen alle Schätze der Weisheit und der Erkenntnis" (Kolosser 2,3). Vielleicht konnte er das sagen, weil er nie dieses Kind in Windeln gewickelt in einer Krippe hat liegen sehen. Er ist dem Christus nicht begegnet in seiner irdischen Gestalt, nicht dem Kind, nicht dem Heranwachsenden, nicht dem erwachsenen Mann, der wie viele Wanderprediger seiner Zeit herumzog und vom Reiche Gottes predigte und Wunder vollbrachte. In ihm, diesem Zimmermannssohn aus Nazareth, sollten verborgen sein alle Schätze der Weisheit und der Erkenntnis? Wer kann das ahnen und wissen, wenn er nur das vor Augen hat, was man anfassen, sehen, hören, schmecken, riechen kann?

Von den Tieren, von Ochs und Esel, wird berichtet, sie hätten instinktiv erfasst, um was es damals ging: „Ein Ochse kennt seinen Herrn und ein Esel die Krippe seines Herrn; aber Israel kennt's nicht, und mein Volk versteht's nicht" (Jesaja 1,3). Woher sollen also die Menschen wissen, was sich da in der Krippe verbirgt?

Die Hirten, so wird uns berichtet, waren die ersten, die nach Bethlehem gingen, um zu sehen, was dort geschehen war. Aber woher wussten sie von dieser Geschichte und wer hatte ihnen offenbart, welches Wunder da geschehen war? Die Hirten haben das Geschenk dieses Kindes in der Krippe nur auspacken können mit Hilfe der Engel. Die haben ihnen nämlich gesagt und verkündet, welcher Schatz da verborgen ist „in Windeln gewickelt und in einer Krippe liegend". Wie sollen wir erwachsenen

Menschen des 21. Jahrhunderts ohne Engelhilfe verstehen, welche Schätze der Weisheit und Erkenntnis verborgen liegen in Christus?

So ganz ohne Engelhilfe sind wir nicht. In jedem Gottesdienst erklingt der Lobgesang der Engel „Ehre sei Gott in der Höhe und Friede auf Erden bei den Menschen seines Wohlgefallens". Und die Gläubigen brechen auf wie die Hirten nach Bethlehem zum „Haus des Brotes", indem sie am Altar Brot und Wein miteinander teilen. Auch wir könnten erfassen, welcher Schatz verborgen ist in Christus, wenn wir es machten wie die Hirten: hingehen auf das Feld der Engelerfahrung – also in den Gottesdienst – und den Worten glauben, die zu uns gesagt werden. Und dann müssen wir nur noch hingehen und schmecken und sehen „die Geschichte, die da geschehen ist, die uns der Herr kundgetan hat".

Neben der Hirtenerfahrung, dem sinnlichen Anschauen und kindlich-naiven Anbeten in Bethlehem, gibt es noch die Dreikönigserfahrung, das Sich-Aufmachen auf den Weg, das Erforschen der Himmelserscheinungen, das Studium der Heiligen Schrift.

Ein geheimnisvoller Satz aus dem Buch des Propheten Micha (5,1) hat die Weisen aus dem Morgenland nach Bethlehem geführt, dort fanden sie „das Kindlein mit Maria, seiner Mutter, und fielen nieder und beteten es an und taten ihre Schätze auf und schenkten ihm Gold, Weihrauch und Myrrhe."

Dreikönigserfahrung – das könnten wir ausweiten auf das Studium der ganzen Heiligen Schrift, wie es zum Beispiel Luther sein Leben lang betrieben hat. Er hat den großen Reichtum des Alten Testaments mit seinen geschichtlichen, poetischen und prophetischen Büchern zusammen mit seinen Freunden der deutschen Sprache erschlossen und dabei mit dem Evangelisten Matthäus und dem Apostel Paulus noch einmal entdeckt, dass Christus das Geheimnis der Schrift ist: In ihm liegen verborgen alle Schätze der Weisheit und Erkenntnis; nur über ihn lassen sich viele bis dahin dunkle Stellen der Heiligen Schrift verstehen. Und wer wie Luther mit dieser Dreikönigserfahrung den Weg zum Verstehen der Bibel sich erschlossen hat, der wird wie die Weisen aus dem Morgenland das Bedürfnis spüren, sich aufzumachen zu diesem Jesus und ihm die Schätze des eigenen Lebens zu Füßen zu legen.

Freilich, wer einen wachen und kritischen Verstand hat, dem steht nach der Hirten- und der Dreikönigserfahrung noch die Pauluserfahrung bevor. Denn Paulus ist der Satz „in Christus liegen verborgen alle Schätze der Weisheit und der Erkenntnis" nicht – wie etwa den meisten von uns – in die Wiege gelegt worden. Er hat die Gemeinde Jesu, die sich allmählich löste von einem allzu strengen Gesetzesverständnis und sich öffnete für die universale Liebe und Gnade Gottes, bedrängt und verfolgt.

Wie sollen wir die Pauluserfahrung kennzeichnen, die ihn nach langen Irrungen und Wirrungen endlich zu der Erkenntnis brachte, dass in Christus verborgen liegen alle Schätze der Weisheit und der Erkenntnis? Es ist ein Schnauben und Drohen, ein Besserwissen und Missachten des Christus, bis einer am Boden liegt und nichts mehr sehen und nichts mehr zu sich nehmen kann. In der Tiefe solchen blinden Eifers gegen die Wahrheit Gottes mag sich dann zunächst die Frage einstellen „Herr, wer bist du?" und am Ende die überwältigende Erfahrung von Licht, Klarheit und Güte stehen, die einen Mann wie Paulus dazu gebracht hat, sein ganzes Leben umzukrempeln.

Der instinktive Weg, das Gottesgeschenk in Christus zu erspüren, wie ihn uns die belebte Natur in den Tieren Ochs und Esel gezeigt hat, ist uns versperrt. Wir können uns nur auf menschliche Weise dem Weihnachtsgeschehen nähern: kindlich-einfach wie die Hirten, königlich-forschend wie die Sterndeuter und existentiell-betroffen wie der Apostel Paulus. Im Grunde genommen ist es nicht wichtig, auf welchem Wege wir zu der alles entscheidenden Erkenntnis kommen, dass in Christus verborgen liegen alle Schätze der Weisheit und Erkenntnis. Auch unsere vielfältigen Weihnachtserfahrungen im Auspacken von Geschenken haben ja eine ähnliche Bandbreite und Tiefe: Wir haben kindlich-naiv ausgepackt und uns gefreut; wir sind den Sachen eher forschend auf den Grund gegangen; und wir haben unter Tränen und Leid lernen müssen, was das wirklich Wichtige in unserem Leben ist.

Nur beschützt werden sollen wir vor Mogelpackungen, vor Betrug, vor falschen Versprechungen und leeren Worten – so sagt es uns jedenfalls der Apostel Paulus (Kolosser 2,4). Weihnachten ist in unseren Tagen schon gefährlich nahe gekommen dem Macht- und Konsumstreben der modernen materialistischen Welt. Wir haben es nicht leicht, uns den Verführungskünsten zu entziehen. Aber im Grunde unseres Herzens wissen wir, dass es an Weihnachten um „die Fülle der Gottheit leibhaftig" geht. Gott liebt uns wirklich mit einem Kind, mit seinem Sohn Jesus Christus. Wir müssen dieses Geschenk nur annehmen, auspacken, ansehen, in der Tiefe verstehen und uns davon verwandeln lassen.

Bewegende Weihnachten

Das erste Weihnachtsfest war voller Unruhe. Keine stille klare Nacht der hohen Sterne, kein Friede unter der Kreatur und in der Gesellschaft: Die Weihnachtsgeschichte des Lukas (2,19-20) berichtet von sehr viel Bewegung.

Inmitten einer von einer fernen Obrigkeit befohlenen kleinen Völkerwanderung wird Christus geboren. Keine feierliche Vorbereitung auf die Geburt, keine gedämpften

Stimmen, um die Mutter nicht zu stören. Im Gegenteil: Entgegen allen Regeln der Fürsorge und Hygiene meldet sich Besuch, die Hirten kommen mitten in der Nacht hereingestürmt. Im Umgang mit ihren Tieren sind sie sicher nicht gewohnt, leise aufzutreten, vermutlich können sie nicht einmal ihre Stimmen dämpfen, denn in der Auseinandersetzung mit wilden Tieren kommt es darauf an, sich mit lauten Stimmen zur Wehr zu setzen, um Angriffe abzuwehren. Also: Es war ganz sicher keine stille Nacht – das wurde sie erst später, beeinflusst durch die Poesie der Weihnachtsgeschichte, dargestellt von unzähligen Malern, interpretiert von vielen Schriftstellern und Poeten.

Diese Bewegung, die so eindeutig die Weihnachtsgeschichte prägt, steigert sich noch: Die Hirten bleiben nicht. Sie lassen sich wenig Zeit, ihr Besuch wird nicht ausgedehnt. Sie brechen bald wieder auf, sie kehren zurück in die Nacht, sie kehren zurück in ihr Alltagsgeschäft. Aber auch Maria kommt innerlich nicht so schnell zur Ruhe. Der Text sagt von den Hirten: Sie kehrten wieder um, priesen und lobten Gott; und von Maria heißt es: Sie bewegte alle diese Worte in ihrem Herzen.

Die Weihnachtsbotschaft spricht von einem Gott, der die als unüberwindlich geltenden Grenzen von oben und unten außer Kraft setzt. In dieser Geschichte ist wirklich alles in Bewegung, nicht nur einige Menschen, sondern Himmel und Erde bewegen sich aufeinander zu, die Grenzen werden plötzlich hinfällig, nichts bleibt beim Alten, nichts bleibt so, wie man es seit Jahrhunderten und Jahrtausenden gewohnt war. Gott bindet sich an die Welt: Christus wird geboren.

Aus dieser Geburtsgeschichte lässt sich sehr deutlich die Bewegung herauslesen, in die Menschen versetzt werden, die sich mit dem nahekommenden Gott beschäftigen. Nirgendwo ist etwas von Zurückweichen, erst recht nicht von Zaudern oder von Unbeweglichkeiten zu lesen. Es bleibt eben nicht alles beim Alten: Weihnachten ist ein das Herz, den Mund und die Füße bewegendes Ereignis.

Die Hirten kommen nicht nach Bethlehem, um zu genießen. Sie kommen nicht, um flüchtige Festlichter in ihren trübseligen Alltag mitzunehmen. Sie kommen und sie gehen wieder. Sie gehen, weil es da nichts gibt, was sie stillzustehen und zu bleiben heißt. Sie gehen, weil das, was sie gesehen haben, fortan mit ihnen geht und weil sie es anderen Menschen schuldig sind, darüber zu sprechen. Die Bewegung Gottes zum Menschen bewegt die Menschen.

Stellen Sie sich vor, ein Reporter befragte die Hirten über ihre Erlebnisse in Bethlehem. Vermutlich hätten sie zur Enttäuschung des Fragers wenig zu berichten. Was bedeutet schon ein Kind oder die Geburt eines Kindes? Wer über das die Hirten so bewegende Ereignis hätte berichten wollen, der hätte sie in ihrem Leben und auf dem Feld im Umgang mit ihren Herden, in ihrem Alltag und in ihrem Beruf beobachten müssen. Dort entscheidet sich, ob das, was sie gesehen und gehört hatten, ihnen hilft, sich nicht trostlos um sich selber zu drehen, sondern es als tragfähigen Sinn und als Hoffnung in ihren bescheidenen Lebensablauf einzubauen.

Ebenso Maria. Was sie gehört hatte, das bewegte sie in ihrem Herzen. Mag sie auch äußerlich, erzwungen durch die Umstände, ruhig erscheinen – im Inneren laufen bei ihr Prozesse ab, im Inneren entstehen Gedanken und Gefühle: Das Abenteuer des Nachdenkens beginnt, wohl nicht nur allein in dieser Nacht, sondern auch in folgenden Tagen und in folgenden Nächten. Maria hatte etwas, worüber sich nachzudenken lohnte. Etwas, was das oftmals qualvolle Kreisen um sich selbst, den qualvollen Gefangenengang eingeschlossener Gedanken und Gefühle, unterbricht.

Gott hat sich in Christus an die Erde gebunden – nicht, um mit der Erde unterzugehen, sondern um ihr über sich selbst hinauszuhelfen, um sie aus dem selbstgenügsamen Dreh zu befreien und hinzuweisen auf das Getragen- und Begleitetsein von dem, was mehr ist als Erde, mehr ist als Vergangenheit und Gegenwart: nämlich Zukunft und Hoffnung.

Was ist anders geworden durch Weihnachten? Ich stelle mir vor: Menschen gehen wieder auf Menschen zu. Sie versuchen, die alten Worte, die zwischen ihnen stehen und die sie getrennt haben und möglicherweise auch weiterhin trennen, beiseite zu räumen. Sie versuchen, neue Worte zu finden, um die Brücke zum anderen wieder herzustellen. Oder aber: Menschen halten ihre Gedanken und Gefühle in Bewegung. Sie hüten sich vor Starrheiten, Vorurteilen und Gewohnheiten.

Weihnachten – ein unruhiges Fest? Ein Fest, das Impulse zum Leben gibt – ein Fest, das in Bewegung hält, ein Fest, das Bewegung bringt.

Im Licht der Liebe

Alle Jahre wieder werden wir zu Weihnachten von neuem angesteckt von der Sehnsucht nach so etwas wie einem anderen, menschlicheren Leben angesichts der Friedlosigkeit unserer Zeit. Wir – noch immer mit unseren großen, unerfüllten Wünschen nach Liebe, Aufmerksamkeit, Frieden. Und wieder mit der Frage, ob unsere Geschenke denn auch hergeben, was sie versprechen; ob Weihnachten vielleicht diesmal etwas von dem einlöst, was wir erwarten.

Wir – bis vor kurzem noch beschäftigt mit Vorbereitungen, Laufereien, Hetze. Wir – angelockt und auf sonderbare Weise zusammengebracht durch das Kind, das wir feiern. Merkwürdig: Seine Ausstrahlung reicht weiter als unsere Herzen und Hände. Damals hat es die Hirten angelockt, das arme Volk und die Weisen von weither. Und heute? Vielleicht den Fremdling in der eigenen Familie; den unbekannten Nächsten neben mir; vielleicht die ganz Fernen, die uns nahe kommen, wenn uns ihr Elend zu Herzen geht ... Offene Grenzen, ein weiter Horizont! Als ob da etwas wäre, was allen gilt und allen Hoffnung macht und darum alle verbindet.

„Es ist erschienen die heilsame Gnade Gottes allen Menschen", heißt es im Titusbrief (2,11). Da ist etwas, was uns bewegt. Es ist nur so schwer, es in Worte zu fassen. Manchmal sind wir darauf angewiesen, dass ein anderer für uns ausspricht, was uns im Innersten bewegt. So wie Paulus das getan hat für die ersten Christen in seinem Brief an Titus.

Nun ist also die Freundlichkeit Gottes erschienen, mit der unser Leben und unser Heil steht und fällt. Allen Menschen ist sie zugewandt. Was will sie erreichen? Sie möchte uns bewegen, unsere Gottferne abzuwerfen und alles, was nur Gier, nur weltlich-vergängliche Freude ist. Sie möchte erreichen, dass wir mit klarem Geist, bereitwillig und aufmerksam, in Gerechtigkeit und im Glauben leben, solange wir in dieser Welt sind. Denn auf uns wartet eine große Zukunft: Dass Gott in seinem Glanz und in seiner Größe sichtbar hervortritt, dass Christus hervortritt, der unser Leben gerettet hat.

„Er hat sich selbst geopfert an unserer statt, um uns von allem Unrecht frei zu machen, um uns zu reinigen und zu läutern und Menschen aus uns zu machen, die ihm zugewandt leben und willens sind, das Rechte zu tun" (Titus 2,14). Diese Worte des Paulus sind alt – und doch schön und unverlierbar, weil sie an eine tiefe Sehnsucht in uns allen rühren: Ein neues Leben im Licht der Liebe, der Zartheit, der Aufmerksamkeit und des Friedens. Frei von aller Angst, allem Hass, aller Schuld und aller Gier, die uns zu unruhigen Menschen machen.

Da wären wir also wieder – Sie und ich und alle anderen an Weihnachten. Einander fremd und doch zusammengebracht durch den, der unsere Begrenztheit öffnet und all unsere Schuld überwindet. Wollen wir es nicht miteinander versuchen: Kontakt aufnehmen, uns aufeinander einlassen; bescheidene, aber richtige Schritte tun in Richtung Frieden, in Richtung Weihnachten?

Wie wäre es, wenn wir mit dem, was wir an Weihnachten miteinander und füreinander tun, so etwas wie ein Anfang wären, ein Versprechen füreinander – wie jene Jugendlichen aus ganz Europa, die wir auf Einladung der Brüder von Taizé zum Jahreswechsel im Großraum Hamburg und auch bei uns erwarten?

Wir – ein Anfang von Wärme, Nähe, Frieden, der allen wohltut? Wir – ein beginnender Aufstand gegen die Banalität unseres durchschnittlichen Lebens, gegen die Unempfindlichkeit der Sinne, gegen die Gnadenlosigkeit mancher Herzen und Zustände? Wir – ein Versprechen, dass wir noch nicht am Ende sind, mit niemandem, auch nicht mit uns selber? Ja, wir – am Anfang, wie ein Kind, wie dieses Kind Jesus. Empfindlich und verletzbar, doch nicht wegzuleugnen. Wir – mit der Chance, erwachsen zu werden, frei und handlungsfähig wie Jesus, der ja kein Kind blieb, sondern der Mann aus Nazareth wurde.

Das ist die Hoffnung, an die uns Weihnachten erinnert: Dass eine gute Fortsetzung findet, was in Bethlehem begonnen hat! Und dass wir diese Fortsetzung sein könnten! Wir – am Anfang, wenn wir zu teilen bereit sind: unsere Güter – unsere Freude – unser Leben – die Gnade – Gott. Und das nicht nur am Heiligen Abend, sondern alle Tage, so heillos sie auch manchmal sein mögen.

Achtgeben auf das Kind

Kinder werden von Frauen geboren – so war es zu allen Zeiten, so ist es auch noch heute trotz künstlicher Befruchtung und Leihmüttern. Welche Rolle spielen dabei die Männer, die weder schwanger werden noch gebären noch stillen können? Die Weihnachtsgeschichten nach Matthäus und Lukas, die uns in diesen Tagen vielfach begegnen, erzählen davon und geben interessante Aufschlüsse.

Zacharias verschlägt es die Sprache, als er davon hört, dass seine Frau Elisabeth im fortgeschrittenen Alter ein Kind bekommen soll. Er kann seinen Dienst als Priester nicht mehr versehen und geht heim. „Durch Stillesein und Hoffen würdet ihr stark sein“, heißt es beim Propheten Jesaja (30,15). Männliche Zeugungsfähigkeit ist nicht einfach da, sie wird erst gewonnen in der Ausrichtung auf ein gemeinsames Ziel. Manchmal muss man warten, bis es soweit ist. Und ohne Gottes geheimnisvolles Zutun werden keine Kinder geboren – damals nicht und heute nicht.

Josef will seine Verlobte Maria nicht in Schande bringen, denkt aber daran, sie heimlich zu verlassen, weil er meint, nicht der Vater dieses sehnsuchtsvoll erwarteten Kindes sein zu können. Hat er geahnt, dass eine übergroße Liebe dieses Kind auf den Weg brachte? Ein Engel erst bewegt ihn dazu, bei der schwangeren Maria zu bleiben. Können wir das begreifen, dass ein Kind nicht einfach aus der Potenz des Mannes kommt, sondern Gott seine schöpferische Kraft dazu geben muss?

Josef macht sich mit Maria auf den beschwerlichen Weg nach Bethlehem – und lässt sie dabei Platz nehmen auf dem Maulesel, wie die Maler erzählen. Er findet mit ihr keinen Raum in der Herberge, sondern muss mit einem Stall vorlieb nehmen, in dem sonst Ochs und Esel hausen. Bei der Geburt ist er anwesend, sagt aber kein einziges Wort. Manche Maler lassen ihn das Süppchen kochen oder andere Handreichungen vornehmen. Nicht alle Männer begnügen sich gern mit solchen Nebenrollen, wenn das neue Leben ihnen das Gesetz des Handelns aus der Hand nimmt.

Eine erneute Engelbotschaft im Traum setzt ihn Tage später wieder in Bewegung zum Schutz von Mutter und Kind vor den Nachstellungen des Königs Herodes. Auf der Flucht nach Ägypten, so erzählen Maler und Bildhauer, legt er schützend seinen Mantel um Mutter und Kind. Ohne solche „Josefsqualitäten" hätten es auch heute noch Mütter und Kinder schwer, bewahrt zu werden vor den Anfeindungen und Anfechtungen des Lebens.

Herodes erschrickt angesichts der Mitteilung von der Geburt des Kindes und bangt um seine Macht. Er versucht herauszubekommen, wo dieses Kind, das ihm einst nachfolgen soll in der Königswürde, geboren wird und bietet dafür den ganzen Stab seiner Experten auf. Er tut so, als wolle er dem Kind die nötige Ehre erweisen, und plant doch bereits Schreckliches: Lieber sollen auch unschuldige Kinder umkommen, als dass er bereit wäre, mit einem von ihnen die Macht zu teilen oder gar ganz abzugeben. Wie viel von dieser Herodes-Mentalität durchzieht unsere modernen Gesellschaften?

Die *Weisen aus dem Morgenland* haben womöglich keine eigenen Kinder, lassen sich aber von einem Neugeborenen auf den Weg bringen. Sie nehmen weite Strecken und Strapazen auf sich, um dem Neuen zu begegnen und ihre Aufwartung zu machen. Sie tun ihre Schätze auf und schenken Gold, Weihrauch und Myrrhe – Geschenke voller symbolischer Bedeutung, weil für sie in diesem Kind zusammenkommt, was sie suchen: ewiges Königtum, strahlende Göttlichkeit, wahre Menschlichkeit. Für sie ist es kein Problem, vom hohen Ross ihrer Würde herabzusteigen und sich ehrfürchtig zu verneigen vor dem, was ihnen in diesem Kind begegnet: die Wiederherstellung der Gottebenbildlichkeit des Menschen. Jedes neugeborene Kind erinnert uns daran, wie wir ursprünglich gemeint sind.

Die *Hirten* werden als einfache Menschen gewürdigt, die Friedensbotschaft der Engel als erste zu empfangen: „Ehre sei Gott in der Höhe und Friede auf Erden und den Menschen ein Wohlgefallen". Was zeichnet sie aus gegenüber den Großen dieser Welt, die wie der Kaiser Augustus mit einem Fingerzeig die ganze Welt in Bewegung bringen und Menschen Lasten auferlegen können? Sie hüten des Nachts ihre Herde.

Einfacher kann man Wachheit und Aufmerksamkeit gegenüber dem Kommenden nicht beschreiben. Sie sind treu im Alltäglichen. Sie hüten nicht sich selbst, sondern ihre Herde. Sie sehen und hören, worauf es ankommt. Sie lassen sich in Bewegung bringen trotz ihrer Furcht. Sie gehen und sehen, sie kommen eilend. Sie breiten das Wort aus, das zu ihnen von diesem Kind gesagt ist. Sie kehren wieder um, sie preisen und loben Gott für alles, was sie gehört und gesehen haben. Von keiner Menschengruppe wird jemals aufgrund eines einzigen Ereignisses so viel aktive Tätigkeit berichtet wie gerade von den Hirten.

Anders *Simeon*, der fromme und gottesfürchtige Mann aus Jerusalem: Er wartet seit Jahren an der Tempeltür auf den Trost Israels und ist darüber alt geworden. Er soll nicht sterben, bevor er den Gesalbten des Herrn gesehen hat, so lautet die Verheißung. Er kommt durch eine Eingebung des Geistes in den Tempel zur rechten Zeit und sieht die heilige Familie, die Eltern und das Kind, die einfach tun wollen, was und wie es Brauch ist. Er nimmt es auf seine Arme und lobt Gott: „Herr, nun lässt du deinen Diener in Frieden fahren, wie du gesagt hast; denn meine Augen haben deinen Heiland gesehen." Er ahnt, dass dieses Kind kein leichtes Leben haben wird. Seiner Mutter wird es das Herz zerreißen am Ende unter dem Kreuz. An ihm werden sich die Geister scheiden, aber vor allem: vieler Herzen Gedanken offenbar werden.

In jedem geborenen Menschen eine Botschaft Gottes erblicken – das ist die Herausforderung dieser Tage, in denen es um das göttliche Kind geht. Wir selber sind auch „vom Weibe geboren und unter das Gesetz getan" wie Jesus. Wir sind und begegnen Menschen, die auch Kinder waren und die immer noch ihr eigenes inneres Kind in sich tragen – glücklich oder verletzt. Und je nach dem, was sie an sich selbst erlebt haben oder was sie betroffen gemacht hat in ihrer Umgebung, schützen sie Kinder oder bringen sie immer wieder in Gefahr.

Besonders die Männer müssen lernen, eine lebendige Beziehung aufzubauen zu dem, was heranwächst und neues Leben repräsentiert: die Zukunft unserer Welt. Nicht sprachlos werden, nicht davonlaufen, nicht vertreiben vor dem eigenen Lebens- und Machtanspruch, sondern dankbar annehmen, schützen, ernähren, achten und fördern. Wie wir mit Kindern umgehen, zeigt, wes Geistes Kind wir sind: ob wir Zacharias-, Josef- oder Herodes-Anteile in und mit uns herumschleppen; ob wir einfach sein können wie die Hirten oder weise wie die Sterndeuter. Die gehen einen anderen Weg, die bringen das Kind nicht in Gefahr und liefern es Herodes nicht aus.

Weihnachten feiern können wir nur dann in rechter Weise, wenn wir die Personen meditieren, die in diesem Weltendrama auftreten und sich in bestimmter Weise verhalten zu dem Kind. Von Johannes Scheffler, dem Angelus Silesius, stammt die Einsicht: „Wär' Christus nur in Bethlehem geboren und nicht in dir, du bliebst in Ewigkeit verloren." Weihnachten lehrt auch die Männer, empfängliche Menschen zu werden und Josefsqualitäten zu entwickeln. Ohne den Schutz des ungeborenen und geborenen Lebens werden wir nicht überleben können. Wir werden zu dieser Haltung nicht gezwungen. Es wird uns nur vor Augen geführt, was jedes Kind sich wünscht, das auch wir selber sind und bleiben: leben zu dürfen mit den Gaben unseres Lebens. Und wie die Alternative aussieht unter dem Schatten des Herodes: Klagen und Wehgeschrei über getötetes Leben, von dem die Welt voll ist – nicht nur in Rama. Die Weihnachtsgeschichte in Bethlehem setzt einen neuen Maßstab: Es geht auch anders – liebevoller, friedlicher, Kinder achtend.

Der Knecht Gottes

Das Kind, dessen Geburt wir zu Weihnachten feiern, ist erst zwei Tage alt. Es wächst auf unter denkbar ungünstigen Umständen – „wie eine Wurzel aus dürrem Erdreich". Aber wie die Wurzel des Chinesischen Rotholzbaumes enthält es im Innern das Symbol des Sternes, der „hoch erhaben" leuchtet über den Menschen. Dieses Geheimnis muss sich noch zeigen und herauswachsen, ehe es sich wieder verhüllt, schmerzhaft und niedrig wird. Gottes Macht wird verborgen sichtbar unter dem Gegenteil: „ ... keine Gestalt und Hoheit". Und doch: der Knecht Gottes, der auf sich nimmt die Sünde der Welt.

Das vierte Gottesknecht-Lied des Zweiten Jesaja (52,13-53,5) ist ein geheimnisvoller und bedeutsamer Text: Wen meint der Prophet? Von wem redet er? Jahrhunderte lang schlummerten diese Worte kaum verstanden in den Herzen der Menschen. Und dann wurden sie freigelegt, sichtbar, verständlich durch das Auftreten eines Mannes und seines Lebensschicksals. In Jesus von Nazareth tritt in Erscheinung, was der Prophet meint. Sein Kreuzestod bekommt eine besondere Bedeutung durch diese Worte. Einer erfüllt durch seine Hingabe mit Leben, was hier steht. Später ist es das jüdische Volk, das mit der Shoa in die Wahrheit dieser Worte eintritt. Am Tag des ersten Märtyrers Stephanus daran zu erinnern, ist weihnachtliche Pflicht.

Wir beten: In alten Krippendarstellungen hängt klein das Kreuz am Balken. Wir ahnen schon den Leidensweg, der auf das Kind wartet. Seiner Mutter werden die Schmerzen prophezeit. Aber es geschieht uns und der Welt zugute. Wir danken dir, Gott, für diesen Menschen Jesus, der für deine Wahrheit eintritt, der lebt, was du verheißen hast. Amen.

Wir singen: „Also liebt Gott die arge Welt ..." (EG 51).

Jahreswende

Blick in die Zukunft

Kurz vor dem Jahreswechsel, der auch ein Jahrhundert- und Jahrtausendwechsel sein wird, haben sie wieder Hochkonjunktur: die Wahrsagerinnen, Kartenleger und Sterndeuter. Die Menschen möchten gern wissen, was auf sie zukommt. Es hat oft einen spielerischen Charakter, was da bedacht und überlegt wird – weshalb es auch nicht so schlimm ist, wenn die Vorhersagen nicht wie erwartet eintreffen.

In der Offenbarung des Johannes, dem letzten Buch der Bibel, wird deutlich, dass es beim Blick in die Zukunft um eine eher ernste Angelegenheit geht (Offenbarung 5,1-14): Die Zukunft begegnet uns wie ein Buch mit sieben Siegeln. Kein Leichtfertiger, Voreiliger, Neugieriger darf es öffnen. Es gehört Würde und Liebe und Hingabe dazu, aufzudecken und auszuhalten, was da auf uns zukommt.

Der die Zukunft eröffnet, will nicht ängstigen oder beunruhigen, auch nicht Geschäfte machen oder Wasser auf seine Mühlen leiten. Der Einblick nehmen darf in die Geheimnisse der kommenden Welt, hat selber gelebt und gelitten, sein Leben hingegeben für Frieden und Heil, hat sich in einer alles verwandelnden Liebe bewährt, in einer Liebe, die Grenzen überwindet zwischen Himmel und Erde. Ein König ist er geworden, der Christus, der zu uns kommt als ein Gerechter und ein Helfer.

Und er macht uns zu Königen und Priestern, zu geliebten und befreiten Menschen, die singen und sagen können: Ehre sei Gott in der Höhe und Friede auf Erde bei den Menschen seines Wohlgefallens.

Was für ein Blick in die Zukunft: Menschen werden geheiligt und eingefügt in den Lobgesang der Engel, zu Königen und Priestern gemacht, mit Würde bedacht in ihrem Leben. Wer will da mit weniger zufrieden sein – mit Horoskopen, Karten oder Bleigießen –, auch wenn es eher beiläufig und spielerisch geschieht?

2000 Jahre mit Christus

Wir gehen einer Silvesternacht entgegen, in der die Jahresanzeige von 1999 auf 2000 umspringt – ein bedeutsames Ereignis, das mit allerlei Hoffnungen und Befürchtungen verbunden ist. Die Hoffnungen richten sich auf ein neues, friedliches Jahrhundert im Zusammenleben der Menschen nach einem Jahrhundert mit zwei Weltkriegen, Völkermord, Flucht und Vertreibung von Menschen in zahllosen bewaffneten Konflikten. Die Befürchtungen verbinden sich kurzfristig mit der bangen Erwartung, ob auch alle Computer und elektronisch gesteuerten Geräte den „Zeitsprung“ schaffen, und langfristig mit der skeptischen Aussicht auf ein womöglich doch unbelehrbares Menschengeschlecht. Die verschiedenen Ängste und Erwartungen werden sich in einem großen Feuerwerk rund um den Erdball Luft machen, die Menschen werden beieinander sein und feiern, sie werden sich zuprosten und gegenseitig Glück wünschen. Einige werden es vorziehen, still zu beten für ein gutes neues Jahr, ein gutes neues Jahrhundert, ein gutes neues Jahrtausend.

Vielen, nicht allen, wird bewusst sein, nach wem wir die Jahre zählen, die veralten wie Gewänder und die uns doch immer wieder neu geschenkt werden aus lauter Güte, damit wir Gelegenheit haben, umzukehren und etwas Liebevolles und Tapferes zu tun. Es ist die Geburt Jesu Christi, die den Jahreszahlen bei uns das Zeitmaß gibt. Wir leben nun 2000 Jahre mit ihm, seiner Botschaft, seiner Nähe und Güte. Das gilt objektiv für den Weltmaßstab, das gilt subjektiv für uns als Volk erst 1000 Jahre und für den einzelnen sehr viel kürzer, je nachdem, wie lange Taufe und Bekehrung zurückliegen.

2000 Jahre mit Christus. Das ist ein Grund, Dank zu sagen für die Wiederbringung der Menschlichkeit des Menschen. Nach Gottes Ebenbild sind wir geschaffen, noch heute tragen alle Menschen diese Würde an sich. Aber das Ebenbild entspricht nicht mehr dem Schöpfer, wir sind ihm in vielen Dingen unähnlich geworden, ja haben uns unter dem Druck der Verhältnisse manchmal in das ganze Gegenteil verkehrt. Einer hat es geschafft, die Ebenbildlichkeit in voller Entsprechung durchzuhalten durch ein ganzes Leben. Dieses Kind Jesus von Nazareth, das vor 2000 Jahren in Bethlehem geboren wurde, hat auch als erwachsener Mann seine Menschlichkeit und seine Gottesentsprechung gelebt und durchgehalten. Unter dem Kreuz von Golgatha hat dann einer bekennen können: „Wahrlich, dieser ist Gottes Sohn gewesen“ (Matthäus 27,54).

Aus dem „gewesen“ ist dann ein „ist“ und „bleibt“ geworden im Vertrauen und Bekennen der Menschen. „Jesus Christus – gestern und heute und derselbe auch in Ewigkeit“ (Hebräer 13,8), wie es in der Bibel und auf dem Grundstein unseres Petri-Forums heißt. Wir können nur dankbar sein, dass auf diese Weise die Möglichkeit der Gottesentsprechung unter uns wieder Wirklichkeit geworden ist. Viele glauben an ihn und folgen ihm nach – noch heute. Ihr Vertrauen wird bestärkt, wenn wir uns des tiefsten Grundes unserer Milleniums-Feierlichkeiten bewusst werden. Solange gibt es das schon: Gottes Geduld mit uns, seinen unablässigen Ruf in die Nachfolge, seine Einladung, uns verwandeln zu lassen zur Menschlichkeit. „Denn Gott, der sprach: Licht soll aus der Finsternis hervorleuchten, der hat einen hellen Schein in unsre Herzen gegeben, dass durch uns entstünde die Erleuchtung zur Erkenntnis der Herrlichkeit Gottes in dem Angesicht Jesu Christi" (2. Korinther 4,6).

Durch uns – in dem Angesicht Jesu Christi. Ob wir diese Berufung, diese unglaubliche Würde des Menschengeschlechts annehmen und beherzigen und leben können? Zweifel sind ja angebracht, wir werden wohl auch künftig nicht ohne Sünde leben. Aber wir können umkehren und heil werden. Diese Liebe lebt seit 2000 Jahren unter uns und hat die Welt verändert.

Apostolische Vermögensberatung

Zu Beginn dieses Jahres 2002 war er in aller Munde und Hände: der Euro. Wir haben gelernt, mit dem neuen Geld zu rechnen und umzugehen. Wir haben uns bei der Bank beraten lassen in allerlei Geld- und Vermögensangelegenheiten.

Ebenfalls zu Beginn des neuen Jahres ist uns ein Text des Apostels Paulus begegnet, der auch von „Vermögen" spricht (Phil. 4,10-13 – Predigttext für den Neujahrstag 2002). Aber mit diesem Vermögen ist kein Geld gemeint, sondern eine Kraft, zu glauben und zu vertrauen.

Ich möchte Sie einladen, mit mir zusammen in die Lebens- und Vermögensberatung beim Apostel Paulus zu gehen und von ihm zu lernen, wie wir das Leben richtig anpacken und gestalten.

In Phil. 4,10 ist von „eifrig" sein die Rede. Im griechischen Urtext steht dort ein Wort, das „aufblühen" bedeutet. Wir sollen also angesichts des Neuen, das auf uns zukommt, nicht die Flügel hängen lassen und müde und resigniert auf das warten, was uns nun wieder zugemutet wird. Wir sollen aufwachen, mutig ans Werk gehen, Eifer und Fleiß in eine Sache stecken und dabei entdecken, dass wir selbst aufblühen und auch andere zum Aufblühen bringen können.

Das zweite Stichwort lautet: „fürsorglich sein, für jemanden sorgen" (Phil. 4,10). Das Geheimnis der Fürsorge für andere ist: Ich habe eine Aufgabe, die mich ausfüllt, und ich schaue weg von mir selber. Fürsorglichkeit befreit von aller Ängstlichkeit und Selbstbezogenheit und gibt dem Leben wieder eine Aufgabe und darin einen tiefen Sinn.

Dann ist vom „bedacht sein auf" (Phil. 4,10) die Rede. Das meint eine gewisse Konzentration und Ausrichtung der Kräfte auf ein langfristig angestrebtes Ziel. Es ist wie bei einer Taschenlampe im Dunkeln: Diffuses Licht lässt den Weg nicht erkennen, erst die „Fokussierung" des Lichtstrahls, das Bündeln und Ausrichten der Kräfte führt weiter. Erst wenn ich die richtige Grundeinstellung gefunden habe für meinen Weg in die Zukunft, dann macht es nichts, wenn es auch mal Umwege und Verzögerungen gibt.

Das vierte Stichwort zur Entwicklung unseres „inneren Vermögens" heißt „genügsam sein, sich genügen lassen" (Phil. 4,11). Schon mancher hat sich mit Eifer in eine Sache gestürzt und wollte alles auf einmal erreichen und ist gerade daran gescheitert. „Sich genügen lassen" heißt Schritt für Schritt seinen Weg gehen, auf die Entwicklung und das Vorankommen achten und nicht alles auf eine Karte setzen.

Den fünften Rat des Apostels entnehme ich seiner Lebenserfahrung (Phil. 4,12). Er konnte Überfluss aushalten und Mangel erleiden, ohne seine persönliche Zielorientierung zu verlieren. Er war vertraut mit Extremen, mit Grenzerfahrungen des Lebens. Wir müssen uns nicht mutwillig allem und jedem aussetzen, aber doch ein wenig erfahren sein in den Grenzregionen des Lebens. Dann können wir unsere eigenen Kräfte besser einschätzen.

Die Quintessenz der Lebens- und Vermögensberatung beim Apostel Paulus steckt in einer tiefen Einsicht: Das Wichtigste im Leben ist nicht selbstgemacht, sondern geschenkt (Phil. 4,13). Paulus hat sich nicht hingesetzt und ein „Lebensberatungsprogramm" entwickelt zur richtigen Entfaltung der in uns steckenden Kräfte. Solche Programme konnte man zu allen Zeiten irgendwo erwerben. Auch heute gibt es sie sehr fein und vielfältig gestaltet überall zu kaufen. Die entscheidende Erfahrung in der Entfaltung eigener Kräfte und eigenen Vermögens ist die Erfahrung des Zuwachses und des Geschenkes: Es wird mir geschenkt, es wächst mir zu, was ich zum Leben brauche. Du kannst es, Du schaffst es, Du bleibst auf dem richtigen Weg, weil Du Gottes geliebtes und gesegnetes Kind bist. Gott hat Dich im Blick, er kennt Dich, er sorgt sich um Dich, er beugt sich herab, sucht Dich auf, sucht Dich heim – mit Menschen- und mit Engelszungen.

„Ich vermag alles durch den, der mich mächtig macht – Christus." Das ist die Quintessenz der Lebens- und Vermögensberatung des Paulus. Damit wagen wir es, in ein neues Jahr mit neuen Herausforderungen zu gehen.

Epiphanias

Schwarz und leuchtend

Schwarz muss er sein, wenn er leuchten soll, – und etwas ausstrahlen vom „hellen Licht des Evangeliums von der Herrlichkeit Christi". Die Rede ist von „Balthasar", dem dritten und jüngsten der „Heiligen Drei Könige". Bei jedem Krippenspiel, bei jedem Dreikönigssingen tritt er auf, eingeschwärzt im Gesicht mit einer Mischung aus Nivea und Kakao – oder irgendwelcher Theaterschminke.

Wie die Hirten für die Juden standen, die aus der Nähe kommen, so die Heiligen Drei Könige für die Heiden, die von weither kommen – nicht zuletzt aus dem so geheimnisvollen Afrika. Klar, dass dann einer von ihnen schwarz sein muss. Dass sie aber nicht nur im Spiel, sondern auch in der Wirklichkeit kommen dürfen, die Fremden, mit uns an der Krippe knien, und darum auch mit uns am Tisch sitzen, dass sie uns unterhaken dürfen, die Fremden – das ist noch nicht überall selbstverständlich geworden.

Dieser Christus, der das helle Licht des Evangeliums bringt und das Ebenbild Gottes geworden ist, hat gesagt: „Kommet her zu mir alle ..." (Matthäus 11,28). „Alle" hat er gesagt und nicht: Die Schwarzen sind aber nicht gemeint, schon gar nicht als Asylbewerber, oder die Aids-Kranken oder die Schuldig-Gewordenen oder wer immer bei uns auf der Liste der Gemiedenen steht. „Alle" hat er gesagt.

Und hat damit auch uns gemeint. Sogar, wenn wir uns selbst längst aufgegeben haben sollten. Wenn er erloschen ist, der helle Schein, „den Gott in unsre Herzen geben hat". Und wenn wir Schwierigkeiten haben mit anderen, weil wir mit uns selbst nicht zurecht kommen; andere nicht annehmen können, weil wir uns selbst nicht mögen.

Dass er schwarz und damit uns fremd ist, der dritte König, sperrt ihn nicht aus. Dass wir selbst vielleicht uns fremd sind, muss uns nicht zweifeln lassen. Denn: „Wir predigen nicht uns selbst". Nicht auf unsre eigene Vorbildlichkeit kommt es an, darauf, dass mit uns alles stimmt. Wenn es danach ginge, dann hätte kein Mensch eine Chance.

Der Apostel Paulus hat es am eigenen Leibe erfahren, wie das ist, wenn wir nicht so sind, wie eine unbarmherzige Umgebung oder auch ein unbarmherziges Gewissen das von uns fordern: „Schwarze Schafe" sind wir dann. Dann schon lieber ein König im Spiel und auch in der Wirklichkeit, egal aus welchen fernen Landen und Dunkelheiten unseres Lebens. Schwarz und leuchtend: „dass durch uns entstünde die Erleuchtung zur Erkenntnis der Herrlichkeit Gottes in dem Angesicht Jesu Christi" (2. Korinther 4,6). Durch uns!

Verwandlung statt Vermehrung

Die vier Zeichen des Epiphaniasfestes (Anbetung der Weisen, Taufe im Jordan, Hochzeit zu Kana und Speisung der 5000) werden in der liturgischen Ordnung der Kirche auf das Fest selbst und die folgenden drei Sonntage verteilt. Heute geht es also um das dritte Zeichen: das Weinwunder bei der Hochzeit zu Kana (Johannes 2,1-11).

Schon zu Beginn seines öffentlichen Wirkens macht Jesus deutlich, dass es in seiner Sendung um Wandlung geht. Er weist zunächst seine Mutter zurück, die ihn vor aller Augen und Ohren zu einer Vermehrung des ausgegangenen Weines provozieren will. Es geht ihm aber nicht um ein Mehr des Altvertrauten, sondern um ein Anderes und Neues. So werden die Wasserkrüge randvoll neu gefüllt. Dabei nimmt das Wasser die entscheidende Information aus seiner Umgebung mit auf: Jesus ist da und mit ihm die Herrlichkeit Gottes. Etwas verwandelnd Neues tritt in Erscheinung. Der Speisemeister kostet das neue Getränk und kommt auf den Geschmack. Er entdeckt im Schmecken (sapere) die neue Weisheit (sapientia). Für ihn hat sich das Wasser zu Wein verwandelt. Er kennt den Grund dafür (noch) nicht und kann sich deshalb auch nicht zu Jesus bekennen. Er verweist nur verwundert (im wahrsten Sinne des Wortes!) den Bräutigam auf die sonst übliche Reihenfolge der Hochzeitsgetränke: erst das Gute, dann das Geringe – das merkt doch keiner! Und jetzt ist alles anders: das wahrhaft Gute, die wirkliche Güte, kommt jetzt erst unter die Leute. Die Finsternis hat's nicht begriffen, aber das Wasser ... Vom Wasser haben wir's gelernt, vom Wasser ... Die ersten, die das begreifen, sind seine Jünger. Auch sie leben ja in der Nähe Jesu. Er hat sie schon verwandelt mit seiner Güte wie damals das Wasser bei der Hochzeit zu Kana. Nach dem guten Wein (der leergetrunken war) gab es die Güte selbst aus einer Quelle, die nie versiegt – bis heute nicht!

Wir beten: Herr, wir bitten dich um die verwandelnde Kraft deiner Nähe. Schenke uns die Gewissheit, dass du uns begleitest auf unseren Wegen. Bewahre uns vor der Versuchung, immer nur Mehr des Altvertrauten zu wollen. Schenke uns die Bereitschaft für das Neue.

Passionszeit

Einzug in Jerusalem

Beim Einzug Jesu in Jerusalem (Markus 11,1-11) geht es um bewusste Inszenierung. Jesus kennt das Wort des Propheten Sacharja 9,9: „Du, Tochter Zion, freue dich sehr ... Siehe, dein König kommt zu dir, ein Gerechter und ein Helfer, arm und reitet auf einem Esel, auf einem Füllen der Eselin!“ Zwei Jünger requirieren das benötigte Reittier. Viele Menschen legen ihre Kleider und grüne Zweige auf die Erde, um den Weg des Einziehenden zu markieren. Die Vorausgehenden und Nachfolgenden brechen in den Jubelruf nach Psalm 118,26 aus und fügen hinzu: „Gelobt sei das Reich unseres Vaters David, das da kommt!“ Nach ihrem Verständnis zieht nicht nur eine Person in die heilige Stadt Jerusalem ein, sondern es kommt „das Reich“ mit seiner ganzen Größe und Segensfülle. Obwohl Jesus es zuvor immer abgelehnt hat, als Messias angesehen zu werden, wagt er nun diesen zeichenhaften Auftritt. Eher privat mutet das Folgende an: Jesus geht in den Tempel und besieht alles, als wolle er das Terrain sondieren. Ahnt er den Leidensweg, der ihm bevorsteht? Ist er die „via dolorosa“ schon einmal abgeschritten, um sich innerlich vorzubereiten? Spät am Abend geht er mit seinen engsten Vertrauten nach Bethanien zurück, um dort zu übernachten. In ihrer Begeisterung über den triumphalen Einzug in Jerusalem übersehen die Jünger die Vorboten des Kommenden: die Lebenshingabe Jesu. Erst wir singen und beten das Psalmwort in diesem Bewusstsein.

Wir beten: Herr, wessen bedarfst du heute, damit du Einzug halten kannst bei den Menschen? Lass mich dein Esel sein, der dich trägt: Verleihe mir Stimme und Kraft, dich zu loben. Schenke mir die Einsicht, dass in deiner Nachfolge nicht das Triumphieren, sondern das Hingeben den Ton angibt. Amen.

Wir singen: „Wie soll ich dich empfangen ...“ (EG 11).

Schwankende Gefühle

Da sind also Leute, die sich über das Kommen Jesu nach Jerusalem riesig freuen, die viel erwarten von ihm. Hosianna dem Sohn Davids! Gelobt sei, der da kommt im Namen des Herrn! Hosianna in der Höhe! rufen sie (Markus 11,9-10). Sie legen ihm Palmzweige auf den Weg, die Symbole der makkabäischen Freiheitskriege, und geben damit zu erkennen, dass sie den Messias, den Befreier von politischer Unterdrückung und Fremdherrschaft erwarten. Sie freuen sich und sind begeistert.

Ein paar Tage später sieht das ganz anders aus. Die Leute sind bitter enttäuscht. Jesus ist doch nicht der gewesen, für den sie ihn gehalten haben. Er war kein Aufrührer, kein politischer Befreiungsheld. Das macht sie ohnmächtig und wütend. Aus ihrem begeisterten „Hosianna" wird ein zorniges „Kreuzige ihn" vor Pilatus (Markus 15,14), und aus den Palmenzweigen der Verehrung wird eine Dornenkrone der Verspottung. Selbst seine Jünger sind verzweifelt und traurig und rennen weg.

Himmelhochjauchzend – zu Tode betrübt. Mir kommt das sehr bekannt vor. Solche schwankenden Gefühle kenne ich auch von mir. Ob das nur an den Umständen liegt? So dass ich eben manchmal einen Grund habe, begeistert und fröhlich zu sein, und dann eben wieder Dinge erlebe, die mich traurig und verzweifelt, ja manchmal sogar aggressiv machen?

Wie war das damals? Hat es nur an den Umständen gelegen, dass die Menge vom Hosianna zum Kreuzige-ihn umgeschwenkt ist? Hat es an Jesus gelegen, dass er die Erwartung der Menge enttäuscht hat?

Ich glaube nicht. Jesus ist doch in allem derselbe geblieben. Er hat sich durchgehalten bis zu seinem Tod am Kreuz. Er hat keine falschen Versprechungen gemacht und sie im entscheidenden Augenblick nicht eingehalten. Im Gegenteil, er ist mutig seinen Weg der Liebe bis zum bitteren Ende hindurchgegangen.

Was sich nicht durchgehalten hat, das ist die Beziehung der Leute zu ihm. Erst haben sie unendlich viel von ihm erwartet, so viel, wie Jesus gar nicht geben wollte, so viel, dass sie gar nicht mehr sehen konnten, wie Jesus wirklich war – und dann waren sie maßlos enttäuscht, dass ihre kühnsten Hoffnungen und Erwartungen nicht erfüllt wurden, und sie wurden traurig und sogar aggressiv gegen diesen Jesus, den sie eben noch enthusiastisch gefeiert hatten.

Hosianna in der Höhe! – Kreuzige ihn! Himmelhochjauchzend – zu Tode betrübt. Das liegt nicht nur an den Umständen. Das liegt auch an der eigenen inneren Einstellung der Menschen – damals genauso, wie heute.

Gefährliche Einheit

Eine ergreifende Szene am Gotteskasten im Jerusalemer Tempel (Johannes 8,12-20): Jesus offenbart sich den Umstehenden als Licht der Welt und macht sich damit angreifbar. Die klugen Pharisäer gehen aber gar nicht erst auf die Inhalte (Selbstoffenbarung und Appell) ein, sondern stoßen sich gleich an einer Formalie: Ein Selbstzeugnis reicht ihnen nicht aus. Es ist also nicht wahr, was Jesus da sagt. Jesus ahnt, worauf sie hinauswollen und spricht von dem, woher er kommt und wohin er geht, was sich aber dem Verstehen der Pharisäer entzieht. Er deutet damit an, dass er sich von Gott getragen weiß. Für einen kurzen Moment noch weist er das Rechtsdenken der Pharisäer zurück, dann aber lässt er sich darauf ein: Wenn er ein Urteil spricht, eine Aussage macht, dann steht immer auch Gott, sein himmlischer Vater, dahinter, dessen Sprachrohr er in der Welt sein will, ja von dem er gesandt ist. Damit wäre eigentlich formvollendet die Bedingung des Mose erfüllt: Wahrheit beruht auf dem Zeugnis zweier Individuen. Die Pharisäer lassen nicht locker: Wo ist dieser Vater? Sie wollen etwas sehen, hören, spüren von der Unabhängigkeit des Zweiten. Und nun offenbart Jesus das Geheimnis, das ihn später das Leben kosten wird: die Einheit von Vater und Sohn. „Kenntet ihr mich, kenntet ihr auch den Vater." Es ist nicht mehr weit zu dem Satz: „Ich und der Vater sind eins." Jesus spricht sich damit nach damaliger religiöser Auffassung das Todesurteil. Aber noch ist es nicht so weit. Seine Stunde ist noch nicht gekommen. Seine Gegner brauchen noch Zeit, um zu verstehen, was hier passiert. Und so ist es auch heute noch: Die Einheit in der Dreiheit von Vater, Sohn und Heiligem Geist verstehen selbst viele Christen nicht.

Wir beten: Hilf uns, Herr, dass wir uns im Urteil über Deine Wahrheit nicht bei Formalien aufhalten, sondern den Inhalt Deiner Botschaft hören, ihn im Herzen bewegen und in die Tat umsetzen. Du bist das Licht der Welt. Wer Dir nachfolgt, wird nicht wandeln in der Finsternis, sondern wird das Licht des Lebens haben. Amen.

Wir singen: „Du höchstes Licht, du ewger Schein ..." (EG 441).

Feigenbaum und Tempelreinigung

Jesus ist hungrig, aber er findet unterwegs am Feigenbaum keine Frucht (Markus 11,12-25). Das ist eigentlich ziemlich normal um diese Jahreszeit. Aber Jesus sieht darin ein Zeichen und wird traurig und zornig: Wenn schon ohne Frucht für ihn, dann auch fruchtlos und vergeblich für alle und auf ewig. Hunger und Enttäuschung machen ihm Mut und nehmen ihm alle Hemmung: Er geht hin und reinigt den Tempel von aller Geschäftemacherei und gibt darin Gott die Ehre, wie er es kennt vom Propheten Jesaja: Gottes Haus soll wieder ein Bethaus sein für alle Völker. Die Verantwortlichen können das nicht ertragen: Sie trachten ihm nach dem Leben. Am nächsten Tag begegnet wieder ein Zeichen: Der Feigenbaum ist schon zum toten Holz geworden, an das Jesus geschlagen wird. Gegen das Fluch- und Fluchtgefühl des Petrus setzt Jesus den unbedingten Glauben an Gott: Er kann Berge versetzen, er überwindet alle Zweifel im Herzen. Jesus vertraut auf die Kraft des Gebetes: Was wir bitten, wird uns zuteil, wenn wir fest daran glauben, dass wir's auch so empfangen. Jesus nimmt damit vorweg, was er im Garten Gethsemane und am Kreuz beten wird: „... doch nicht mein, sondern dein Wille geschehe!" – „Vater, vergib ihnen; denn sie wissen nicht, was sie tun!" Wie menschlich uns Jesus hier begegnet: hungrig und bedürftig, zornig und aggressiv, maßlos in seinen Vorstellungen und dann doch wieder einfach, liebevoll und vergebend!

Wir beten: Befreie uns, Herr, von aller Menschenfurcht. Nimm unsere Gefühle: Liebe, Hingabe, Zorn und Enttäuschung in deinen Dienst. Überwinde unseren Kleinglauben. Gib uns die feste Zuversicht, dass wir erreichen werden, was wir im Vertrauen auf dich beginnen. Amen.

Wir singen: „O komm, du Geist der Wahrheit ..." (EG 136).

Fangfrage – rückfragen

Wie man mit Fangfragen umgeht, kann man bei Jesus lernen (Markus 11,27-33). Er antwortet nicht gleich, er fragt zurück. Er will Haltung und Interesse der Fragenden erkunden. Die Hohenpriester und Schriftgelehrten kommen ins Nachdenken. Eine der möglichen Antworten kommt Jesus entgegen, die andere könnte den Protest der Leute hervorrufen – beides möchten sie vermeiden. Weil sie gefangen sind in dieser Situation, antworten sie gar nicht und rufen die entsprechende Reaktion Jesu hervor: Er will ihnen nicht sagen, aus welcher Vollmacht er handelt. So bricht die Kommunikation ab. Das ist verständlich. Aber müssen wir uns auch so bedeckt halten? Unsere Antwort auf die Frage nach der Bedeutung der Taufe heißt: Für uns ist sie ein Sakrament, eine heilige Handlung, eingesetzt von Jesus und mit seiner Verheißung versehen. Damit beantwortet sich die Frage nach der Vollmacht Jesu von selbst: Wir wissen, glauben und bekennen, dass durch ihn Gott handelt in der Kraft des Heiligen Geistes. Wer zur Gemeinschaft der Glaubenden gehört, beantwortet die Fragen mit seinem Leben. Wer abseits steht, fragt heute noch so (und wird gefragt) wie damals die Hohenpriester und Schriftgelehrten. Eine Antwort darauf gibt es nur im Glauben und im Tun des Gerechten wie in der Geschichte vom Kämmerer aus dem Morgenland: „Siehe, da ist Wasser; was hindert's, dass ich mich taufen lasse?" (Apostelgeschichte 8,36). Wir beten: Herr, gib mir die Kraft, deinen Namen zu bekennen vor den Menschen. Ich will nicht verstecken oder relativieren, worauf ich mein Vertrauen setze. Du nimmst mich an in der Taufe, du vergibst mir meine Schuld, du befreist mich zu neuem Sein. Lass mich das überzeugend leben. Amen.

Wir singen: „Such, wer da will, ein ander Ziel ..." (EG 346).

Fangfrage – spiegeln

Ein unerhörter Text: Johannes 7,53-8,11. Nicht alle Textzeugen haben ihn. Und doch schien er den Früheren behaltenswert als echte Stimme Jesu: „Wer unter euch ohne Sünde ist, der werfe den ersten Stein ...“ Einer der bekanntesten Sätze aus dem ganzen Neuen Testament! Jesus entgeht hier einer Fangfrage (entweder das Gesetz oder diese Frau) und gibt sie den Fragenden so zurück, dass sie die zum Töten erhobenen Steine wieder fallen lassen. Einer Fangfrage entgehen und zu einer tiefen Selbsterkenntnis verhelfen – die kommunikative Kompetenz des wahren Menschen und Gottessohnes wird sichtbar. Der Sabbat und das Gesetz sind für den Menschen da und nicht umgekehrt. Formale Rechtgläubigkeit kann scheinheilig und tödlich sein. Nicht auf den Buchstaben kommt es an, sondern auf den Geist. Und Jesus weiß: Gott ist einer, der das Leben lieb hat. So erzählen es alle Geschichten und Gleichnisse der Bibel. Er findet diese Lösung nur, indem er sich Zeit nimmt und scheinbar gedankenlos in den Sand schreibt. War es ein Name? Gottes Name? Sein Name? Der Name jener Frau? Jesus, Jehoshua, heißt: „Gott rettet.“ Voller Erbarmen rettet er uns. Er tut, was geschrieben ist, was er selbst schreibt mit seinem Leben. Und er mischt sich noch einmal ein mit Fragen, die echt sind: „Wo sind sie? Hat dich niemand verdammt?“ Er fragt das aufrecht und aufrichtig und darin aufrichtend. Die angeklagte Frau kann frei heraus antworten: „Niemand.“ Und dann erst kommt auch die Botschaft Gottes in den Worten Jesu: keine Verdammung, sondern neues, befreites Leben. Die Frau wird gerechtfertigt, ihre Sünde nicht.

Wir beten: Wir danken Dir, Gott, dass Du so aufrichtig und aufrichtend mit uns redest. Vor Dir können wir unsere Schuld bekennen und von ihr lassen. Vor Dir können wir unsere finsteren Gedanken gegen andere entdecken und von ihnen lassen. Hilf uns, aufrichtig dem Leben zu dienen, so wie Du es getan hast. Amen.

Wir singen: „Ein wahrer Glaube Gotts Zorn stillt ...“ (EG 413).

Fangfrage – unterscheiden

Die Pharisäer stellen Jesus eine Falle: sie wollen ihn mit seinen eigenen Worten fangen. Die Steuerfrage in einem besetzten Land: es geht um Kollaboration mit dem nationalen Feind. Jesus soll hineingezogen werden in die Händel der Menschen. Spricht er für die Steuer: dann kann man ihn anschwärzen bei den eigenen Landsleuten. Spricht er gegen die Steuer: dann kann man ihn anklagen bei den Behörden.

In welches Elend geraten wir, wenn wir hineingezogen werden in menschlich-politische Händel, wenn unsere Meinung instrumentalisiert werden soll?!

Jesus lässt sich darauf nicht ein. Es ist wie in der Geschichte mit der Ehebrecherin. Hier politisch, dort moralisch eine Falle. Jesus gibt hier wie dort die Antwort zurück, indem er auf das dahinterliegende Thema verweist:

- Schuld in dem einen Fall („Wer unter euch ohne Schuld ist, der werfe den ersten Stein“);
- Prägung, Zugehörigkeit in dem anderen Fall („So gebt dem Kaiser, was des Kaisers ist, und Gott, was Gottes ist“).

Prägung und Unterscheidung, das ist das Thema dieser Geschichte.

Das bürgerliche, politische Leben ist geprägt von dem Bild des Kaisers, dem Symbol der politischen Macht. Wir leben als Christen auch in diesem Bereich, müssen uns nach seinen Regeln richten. Wir sind ja selber in diesem Bereich engagiert und prägen ihn mit.

Aber das tun wir als solche, die noch eine ganz andere Prägung an sich tragen: Menschen sind, Gottes Ebenbild nach der Schöpfung. Ihm sollen wir durch unser Verhalten ähnlich werden, dass etwas sichtbar wird von seiner Herrlichkeit „in unserem aufgedeckten Angesicht“ (2. Korinther 3,18).

Wir sollen verklärt werden in sein Bild. Diese Prägung tragen wir als Menschen durch die Schöpfung an uns, und als Christen das besondere Bild Christi, die wiederhergestellte Gottebenbildlichkeit, seit der Taufe. Was bedeutet das konkret?

Wir können uns ganz hineinbegeben in den Prägebereich des Kaisers, der Politik. Das hat aber Folgen für uns. Wir prägen und werden geprägt. Wir verlieren darüber vielleicht unsere wahre Berufung, weil wir vergessen, Gott zu geben, was Gottes ist: uns. Von ihm geschaffene, zu ihm berufene Menschen.

Wenn wir das doch beherzigen wollten, wenn das doch den Verhandlungspartnern in Madrid bewusst wäre: Wir sind nicht nur von Steuern, Besatzungspolitik, von Kaisern und Königen, politischer Gewalt geprägt; sondern Menschen, zuerst Menschen, von Gott geprägt. Ihm sollen wir geben, was ihm gehört, – Entsprechung werden in der Liebe und Hingabe.

Wir beten: Herr Jesus Christus, in der Taufe hast Du uns beim Namen gerufen und zu Deinem Eigentum gemacht. Du hast uns das Bild Deines Leidens und Sterbens, Deines Auferstehens und ewigen Lebens eingeprägt, damit wir vor der Welt erkennbar leben als dein Volk, Deine Gemeinde, Deine Kirche. Hilf uns, dass wir dieser Berufung treu bleiben und Dir dienen. Dass wir denen nahe sind, die unsere Hilfe brauchen, den Armen und Gefangenen, den Kranken und Sterbenden, den Wehrlosen und Entrechteten. Lass unser Angesicht, das ihnen freundlich zugewandt ist, widerstrahlen von Deiner Liebe, mit der Du uns gesucht und beschenkt hast.

Absichtliches Verraten

Erst war alles ganz anders gewesen. Da war Judas einer von den Zwölfen: Jesus hatte ihn zu sich gerufen und gewollt wie die anderen Jünger auch. Er sollte ganz nahe bei Jesus sein. Und so wurde auch er berufen in den Kreis der zwölf Auserwählten und von Jesus ein Apostel genannt. Zusammen mit den anderen elf sandte Jesus ihn aus, zu predigen. Er gab ihm sogar die Vollmacht, böse Geister auszutreiben und Krankheiten zu heilen. Das alles war vorher gewesen: Jesus hatte ihn eingesetzt und ordiniert zum Amt der Kirche.

Dann hatte er eine wichtige Funktion im Kreis der Apostel übernommen: Er hatte den Beutel, verwaltete also die Kasse. Er wehrte sich gegen den allzu großzügigen Umgang mit dem Geld im Kreis der Jünger und kritisierte Maria von Bethanien für ihre Verschwendung von kostbarem Salböl. Er gab vor, an die Armen zu denken, hatte aber wohl eher seinen eigenen Vorteil im Auge.

Damit begann das Hernach: Judas war eifersüchtig auf Johannes und Maria, auf Menschen in selbstverständlicher Nähe zu Jesus. Er konnte nicht glauben, er konnte nicht lieben – und diesen Mangel an Aufmerksamkeit für seine Person kompensierte er mit dem Griff in die Kasse. Er hatte die Macht, er konnte es sich leisten, was andere nicht hatten. Aber er hatte die Liebe Jesu nicht. Nicht mehr.

Vorher, ja da gehörte er auch zu den Auserwählten. Jetzt war er eher sein Konkurrent. Der Mann mit der Kasse.

Das Verraten beginnt mit Hingehen und Reden. Das Verraten setzt sich fort im Geschäftemachen, das nicht nach Treue und Rechtschaffenheit fragt. Das Verraten wird unausweichlich, wo einer eine günstige Gelegenheit sucht.

Judas will Jesus verraten. Es ist Absicht, keine Fahrlässigkeit. Vielleicht sind die Silberlinge nicht die Hauptsache, nur ein günstiger Nebeneffekt, die Folge eines Geschäftes eben. Das eigentliche Motiv? Eine nächtliche Konfrontation mit der bewaffneten Gewalt! Mögen andere in den Nächten andere Begegnungen suchen – Judas kommt es nicht auf die Liebe, sondern auf die Machtfrage an. Ist das nicht schon immer der Verrat an den Menschen, wenn statt der Liebesfrage die Machtfrage gestellt wird?

Ehrenrettung für Pilatus

Pilatus war in großer Verlegenheit, als ihm Jesus vorgeführt wurde (Johannes 18,28-19,16). Erst hatte er den Versuch gemacht, ihn den verantwortlichen jüdischen Obrigkeiten zurückzugeben: Nehmt ihr ihn hin und richtet ihn nach eurem Gesetz, hatte er gesagt. Aber der Hohepriester konnte ihn nach dem Besatzungsstatut nicht zum Tode verurteilen. Und darauf kam es der aufgebrachten jüdischen Menge schließlich an.

Und dann hatte er Jesus angehört, mit ihm gesprochen und war hinausgegangen zu den Leuten und hatte gesagt: Ich finde keine Schuld an ihm. Er war entschlossen, Gnade vor Recht ergehen zu lassen und diesen merkwürdigen „König der Juden" freizugeben. Es war schließlich sein gutes Recht, an hohen Festtagen dem Volk einen Gnadenakt anzubieten. Aber sie wollten diesen harmlosen Wanderprediger nicht. Sie schrien für Barabbas – und der war nun wirklich ein Aufrührer und Räuber.

Was sollte daraus nun werden? Pilatus war in großer Verlegenheit. Er fühlte sich unwohl, er wollte diesen Menschen nicht wegen solcher Kleinigkeiten zum Tode verurteilen. Also war er dafür, ein Exempel zu statuieren, die Prügelstrafe einzusetzen und den Leuten zu zeigen, dass der sich nicht auf den Arm nehmen ließ.

Die römischen Soldaten machen aus Jesus einen geschlagenen Spottkönig – mit Purpurmantel und Dornenkrone. Und der wehrt sich nicht, selbst dann nicht, als man ihm ins Gesicht schlägt. Pilatus weiß, was unter den harten Schlägen seiner Soldaten geschieht, unter ihrem Spott und unter ihren Provokationen: Da stellt sich heraus, ob einer aggressiv und gefährlich ist, ein Aufrührer und ein schrecklicher Mensch. Dieser ist es nicht. Er lässt das alles mit sich geschehen, ohne sich zu wehren. Er nimmt es hin, was ihm da an Gewalt, Verletzung und Spott geschieht. Wie soll so einer gefährlich sein?

Und noch einmal geht Pilatus hinaus zu den Leuten und präsentiert ihnen den geschlagenen Jesus: Seht, welch ein Mensch, sagt er. Er ist beeindruckt von ihm und er ahnt die Wahrheit über diesen Menschen. Er spricht aus, was später zum Bekenntnis der Christen wird: Ecce homo – wahrhaftig: ein Mensch, *der* Mensch. Aber die Hohenpriester und ihre Knechte schreien: Kreuzige, kreuzige!

Und wieder macht Pilatus den Versuch, diesen Jesus loszuwerden, den er nicht verurteilen will: Nehmt ihr ihn hin und kreuzigt ihn, ich finde keine Schuld an ihm. Aber da kommen ihm die jüdischen Obrigkeiten mit dem Gesetz, das zur Geltung zu bringen er eingesetzt ist. Und sie sprechen aus, was sie eigentlich gegen diesen Jesus haben: Er habe sich selbst zu Gottes Sohn gemacht.

Pilatus erschrickt, weil er zum ersten Mal spürt, woher die Kraft dieses Mannes kommen könnte. Ist das die Wahrheit über ihn? Ein heiliger Mann? Der Gottes Kraft unter die Menschen bringt?

Und nun geschieht das Ungewöhnliche und Besondere: Der Statthalter des römischen Kaisers in der Provinz Syrien, ein mächtiger und befehlsgewohnter Mann geht zu diesem armseligen Geschlagenen und fragt ihn: Woher bist du? Wer er sei – das hatte Pilatus schon beim Verhör gefragt. Aber jetzt fragt er: Woher? Woher bist du? Woher nimmst du die Kraft, das alles auszuhalten und zu bestehen?

Jesus antwortet nicht, und da schreit Pilatus los: Weißt du nicht, worum es jetzt geht, dass ich Macht habe, dich loszugeben, und Macht habe, dich zu kreuzigen?

Jesus versteht die Verlegenheit, ja die Verzweiflung dieses Mannes. Er weiß: Er muss es vollziehen, weil es von Gott her so bestimmt ist. Nicht der römische Richter ist das Problem, sondern der Verräter aus den eigenen Reihen. Die Tragödie, die sich abgespielt hat, ist nicht die zwischen den einfachen Menschen und den Vertretern der Macht. Die Tragödie vollzieht sich zwischen den nahen und nächsten Menschen: Im Innern des Jüngerkreises – da liegt das Problem, noch heute.

Und noch einmal möchte Pilatus die Schuld am Tod dieses liebevollen Menschen loswerden. Er will ihn freilassen mit allen Fasern seines Herzens. Aber die Leute haben ihn in der Hand. Sie spielen die Trumpfkarte aus: den angeblichen Loyalitätskonflikt zum Kaiser. Wer sich zum König macht, der ist gegen den Kaiser.

Nun bricht der Widerstand, die Verlegenheit, die Verzweiflung, das Fragen des Pilatus zusammen. Er gibt sich einen Ruck und funktioniert mit der Routine eines kriegs- und konflikterprobten römischen Beamten: Er setzt sich auf den Richtstuhl, er präsentiert den angeblichen König. Und die Leute schreien: Weg mit ihm, kreuzige ihn. Und dann stellt Pilatus kühl die entscheidende Frage, die Anklage und Richtspruch in einem ist, wenn das Volk entsprechend darauf antwortet: Soll ich euren König kreuzigen?

Und sie rufen: Wir haben keinen König als den Kaiser. Jetzt ist Jesus verlassen. Niemand spricht für ihn. Der Königsvorwurf ist tödlich. Keiner fragt mehr nach seinen Worten: Mein Reich ist nicht von dieser Welt. Tut alles nichts mehr zur Sache. Sie sagen sich alle los. Und Pilatus hört, was er immer hören wollte von diesen schrecklich eigensinnigen und aufsässigen Leuten: „Wir haben keinen König als den Kaiser." Da überantwortet er ihnen Jesus, dass er gekreuzigt würde.

Pilatus hat am Ende getan, was seine Pflicht war. Er hat funktioniert als römischer Statthalter. Aber es ehrt ihn, dass er es nicht gleich gemacht hat. Er hat sich gewehrt. Er hat Widerstand geleistet. Er wollte nicht. Dieser Jesus hatte ihn in Verlegenheit gebracht, ihn fragen und zweifeln lassen.

Noch heute kommt er vor in unserem Glaubensbekenntnis. Jeden Sonntag wird überall auf der Welt sein Name ausgesprochen: gelitten unter Pontius Pilatus. Aber er war einer der ersten, ja der erste Fremde, der gefragt hat: Woher bist du? Und der eine Ahnung hatte von diesem Menschen: wahrhaftig ein Mensch und womöglich einer, dessen Kraft von oben her ist. So weit hat es Pilatus damals gebracht mit seinem Bekennen und Fragen. Ob wir überhaupt so weit sind? Es wäre schrecklich, wenn Jesus noch mehr unter uns leiden müsste.

Gründonnerstag

Geste der Güte in einer Welt der Kreuze

Die Ereignisse von Djerba, Dschenin und Erfurt haben uns bewusst gemacht, wie mühselig und beladen wir in dieser Welt leben. Wie sollen wir das alles verkraften, was in persönlicher und gesellschaftlicher Hinsicht zu tragen ist?

In meinem Rummelsberger Brevier gibt es eine Zeichnung von Angelika Millauer, die den Abendmahlstisch zeigt: Am unteren Ende drängen sich die Menschen, dunkel und gebeugt, vor ihnen etwas Brot und Wein. Der Blick geht nach oben und vorn ins Licht zum einladenden Christus. Mit ausgebreiteten Armen, das Kreuz der Wirklichkeit darstellend, empfängt er die Menschen, die an seinen Tisch kommen, wie warmes Sonnenlicht: „Kommt her zu mir, alle, die ihr mühselig und beladen seid; ich will euch erquicken“ (Matthäus 11,28).

Es ist gut, dass wir in dieser Welt einen Ort haben, zu dem wir kommen können, wenn wir ganz trostlos geworden sind. Wir schauen dann auf den Altar, wo ein Kreuz steht, zünden Kerzen an, stellen Blumen dazu und hören auf tröstliche Worte: „Herr, du hilfst Menschen und Tieren. Wie köstlich ist deine Güte, Gott, dass Menschenkinder unter der Schatten deiner Flügel Zuflucht haben“ (Psalm 36,8).

Wir empfangen Gottes heilsame Gaben in einer einfachen Geste: im Teilen von Brot und Wein. Wir stellen uns erneut unter seinen Segen und versprechen, aufeinander acht zu geben und das Böse zu überwinden. Wir öffnen Augen, Ohren, Herz und Sinne für eine neue „Weltanschauung“, aus der wir Kraft und Orientierung gewinnen: „Denn bei dir ist die Quelle des Lebens, und in deinem Lichte sehen wir das Licht“ (Psalm 36,10). Müssen wir erst spektakuläre Einbrüche des Bösen und Verletzenden in unserm Leben erfahren, erleiden und ertragen, ehe wir bereit sind, der liebevollen Einladung Gottes zum einfachen Evangelium und zum Mahl der Gemeinschaft zu folgen? Verspüren wir nicht längst schon Sehnsucht nach der Einfachheit barmherziger Liebe – irritiert und übersättigt von all dem Verwirrenden und Belastenden unseres täglich so mühsamen Lebens? Es ist wirklich nichts Großartiges, wozu Gott uns einlädt – es ist eine einfache Geste der Güte und Menschenfreundlichkeit. Aber in diesem Zeichen liegt die ganze Kraft zukünftiger Entwicklung in Frieden und Gerechtigkeit für unsere mit Kreuzen übersäte Welt. Halten wir uns offen – unsere Kirchen und Gemeinschaften, unsere Herzen und Sinne – für all die Mühseligen und Beladenen, die zu uns kommen von nah und fern. Es geschieht auch uns selbst zugute.

Karfreitag

Kreuzweg am Karfreitag

Es kostet viel Kraft, das Kreuz Christi in seiner tiefen Bedeutung für uns auszumeditieren. Aber es scheint auch eine innere Notwendigkeit zu sein, sonst wären die Gottesdienste nicht so voll am Karfreitag.

Leiden, Liebe und Schuld – Verlassenheit, Angst und Verzweiflung des menschlichen Herzens finden hier ihren Ausdruck, brechen sich Bahn, nehmen uns hinab in unsere eigene Tiefe. Und wenn wir dann ganz unten angekommen sind, uns wehrlos ausgeliefert haben den Gefühlen, die uns sonst so viel Angst machen, gegen die wir uns sonst so heftig wehren, dann geschieht das Wunder, dass Ruhe einkehrt und ganz allmählich etwas Neues wächst aus den Tiefen des Schmerzes und der Einsamkeit.

Es ist eine Bewegung von oben nach unten, von außen nach innen, die sich bei uns am Karfreitag vollzieht. Sie schmerzt, sie tut weh – aber sie vermittelt uns auch die Erfahrung, dass wir uns nicht zu fürchten brauchen vor unserer eigenen Tiefe. Es wächst Kraft daraus und eine neue Freude.

Das Kreuz: „Es schlägt den Stolz und mein Verdienst darnieder, es stürzt mich tief, und es erhebt mich wieder, lehrt mich mein Glück, macht mich aus Gottes Feinde zu Gottes Freunde“ (EG 91,6).

Es ist eine alte Sitte, am Karfreitag den Weg Jesu ans Kreuz nachzugehen, Halt zu machen an 14 Stationen des Kreuzweges und nachzudenken über die Bedeutung des Kreuzes für uns. Es ist ein bewusstes Nachgehen des Weges Jesu und zugleich ein Weg in die Tiefe des eigenen Herzens. Ich möchte Sie einladen, mit mir zusammen einen, solchen Kreuzweg zu gehen, Halt zu machen an vier Stationen und dabei das Kreuz Jesu zu bedenken in seiner Bedeutung für uns.

Gethsemane – so heißt für mich die erste Station: das Zurückweichen vor dem Kreuz, die Bitte um Verschonung. Jesus ruft: „Mein Vater, ist's möglich, so gehe dieser Kelch an mir vorüber.“ Ich kenne diesen Schrei. Es ist der Schrei jedes Menschen, der einen Leidensweg vor sich hat. Keiner mag sich einlassen auf das Kreuz, das auf ihn wartet, auf die bevorstehende Trennung, auf den Schmerz, auf den unentrinnbaren Tod. Jeder von uns hat sein Gethsemane, die Stunde, in der er bittet: „Vater, wenn's möglich ist, lass diesen Kelch an mir vorübergehen.“ Es ist meist nur eine kurze Station, ein letzter Halt, ehe wir uns auf den schweren Weg des Leidens einlassen, einlassen müssen.

Es ist ein letztes, verzweifeltes Aufbäumen, ein heftiger Kampf und tiefe Einsamkeit. Keiner leidet gern, keiner stirbt gern.

Aber dann kommt *Golgatha*, die nächste Station: „Sie nahmen ihn aber, und er trug sein Kreuz." Das Leiden lässt sich nicht vermeiden in dieser Welt. Es hat keinen Zweck, ihm auszuweichen. Es gehört zum Leben dazu wie Essen und Trinken, wie Wachen und Schlafen. Es bedeutet Tiefe des menschlichen Erlebens, aber es stellt auch eine große Gefahr dar: es berührt die Gottesbeziehung, es gefährdet das Vertrauen in den Urgrund des Lebens.

„Mein Gott mein Gott, warum hast du mich verlassen", schreit Jesus am Kreuz. Es ist der Schrei aller Menschen, die sich auf die Tiefe des Leidens eingelassen haben, die nicht versuchen, vor dem Leben und vor dem Sterben davonzulaufen.

In seinem Gedicht „Der Ölbaumgarten" hat Rainer Maria Rilke diese Erfahrung in solche Worte gefasst:

> *„Ich finde dich nicht mehr. Ich bin allein.*
> *Die Sich-Verlierenden lässt alles los,*
> *und sie sind preisgegeben von den Vätern*
> *und ausgeschlossen aus der Mutter Schoß."*

Golgatha – das ist, wenn der Schmerz, vor dem wir zittern, uns einholt. Wenn nach langem Warten und Kämpfen die Nägel sich durch die Handflächen bohren und wir ganz ausgeliefert sind dem Schmerz, der Verzweiflung, der tiefen Verlassenheit. Wir denken dann, wenn wir überhaupt noch denken können: Jetzt ist alles aus. Aber es ist noch nicht das Ende.

Es gibt noch eine dritte Station, jenseits von Gethsemane und Golgatha, für die ich keinen Namen weiß. Sie ist bezeichnet durch die letzten Worte Jesus am Kreuz: „Es ist vollbracht."

„Es ist vollbracht", sagt Jesus am Kreuz. Und es ist, als ob er mit diesen Worten schon gar nicht mehr hinge an dem Holz, an das man ihn nagelte, um ihn endgültig zu bannen in den Tod. Aber es ist eben nicht alles aus und vorbei, „es ist vollbracht"!

Diese Worte machen Jesus frei von aller Last der Vergangenheit, von der Qual seines Leidens. „Es ist vollbracht", das sagen auch Menschen, die hindurch sind, für die jenseits des absoluten Tiefpunkts ein neues Leben beginnt.

Bei Jesus lässt sich das auch noch weiter inhaltlich beschreiben, *was* vollbracht ist, *was* durch seinen Tod Neues beginnt.

„Es ist vollbracht“: Jesus ist seinen Weg, den Weg eines wahrhaft erwachsenen Menschen, zu Ende gegangen. Es war nicht leicht für ihn. Schon am Anfang hatte er sich gegen die Versuchung zu wehren, auf ewig ein Kind zu bleiben und sich in die Arme der Engel, der Mutter, des ewig behütenden Gottes zu werfen. Er hatte dieser Versuchung widerstanden, sich einfach umgedreht und war seinen Weg der Liebe gegangen durch Anfeindung, Entbehrung und Leiden, wie ein erwachsener Mann.

Auch ein zweites Mal wies er diese Versuchung zurück, laut und deutlich, als Petrus ihn vom Leiden und vom Weg ans Kreuz abhalten wollte.

Und jetzt am Kreuz schreit er: „Eli, eli, lama asabthani – mein Gott, mein Gott, warum hast du mich verlassen?“ Es klingt wie ein kindlicher Schrei nach dem Vater, wie ein letzter, verzweifelter Hilferuf. Aber ich deute diesen Schrei anders: Es ist ein Schrei des endgültigen Erwachsenwerdens.

Und der Schmerz, der in diesem Schrei steckt, ist der Schmerz einer neuen Geburt. Jesus stirbt nicht wie ein Kind, das immer noch auf das helfende Eingreifen des Vaters wartet. Er beginnt, auf den Vater zu verzichten, ja selber in ihn hineinzuwachsen: „Ich und der Vater sind eins.“ Es ist vollbracht!

Nehmen wir überhaupt wahr, was da Neues geschieht? Gott ist nicht mehr im Himmel. Er hängt dort am Kreuz. Die Liebe ist nicht länger überirdische, eingreifende, sich behauptende Macht, wie wir es so gerne hätten. Die Liebe ist ohnmächtig, geschlagen ans Kreuz.

Das Kreuz meditieren heißt, von unsern kindlichen Träumen Abschied zu nehmen. „Es ist vollbracht“: Einer ist wirklich erwachsen geworden.

Am Sterben Jesu, an diesem einen Satz, wird mir deutlich, wie wenig ich, wie wenig wir wohl alle wirklich erwachsen geworden sind. Es ist noch nicht vollbracht! Wir träumen ja noch immer unsere kindlichen Träume von Macht und Überlegenheit. Wir quälen ja noch immer andere und uns selbst, nur um wieder die Größten zu sein. Wie viel Leid bringen wir damit jeden Tag über die Erde! Wir brauchen doch nur die schrecklichen Waffen zu sehen oder all die lebensbedrohenden Technologien zur Erhaltung von Macht und Ansehen. Es ist noch nicht vollbracht! Wir sind noch lange nicht erwachsen geworden. Vielleicht hat es einen tiefen Grund, weshalb ich keinen Namen für diese dritte Station jenseits von Gethsemane und Golgatha weiß. Ich bin noch nicht dorthin gelangt, wo ich wirklich sagen könnte: Es ist vollbracht. Aber einer ist mir, ist uns allen vorangegangen: Jesus von Nazareth. Sie sagen, er sei im Himmel, und meinen damit sicher nicht einen Platz über den Wolken, sondern vielleicht jene Stelle, an der einer mit Recht sagen kann: „Es ist vollbracht, ich bin hindurch. Ich habe etwas Wesentliches gelernt für mein Leben. Ich bin reifer, erwachsener geworden." Himmel – da hört dann alles Stückwerk auf, da dürfen wir ablegen, was kindlich ist, und ihn sehen, wie er ist.

Für uns, die wir noch nicht so weit sind, dass alles gelernt und alles vollbracht ist, bleibt noch eine vierte Station, eine vierte Betrachtung des Kreuzes Jesu.

Da sind Menschen unter dem Kreuz, zu denen sagt Jesus: „Weib, siehe, das ist dein Sohn!" Und (zu dem Jünger): „Siehe, das ist deine Mutter."

Unter dem Kreuz, im Warten auf einen Gott, der eingreift, der nicht zulässt, das solches Leiden hier auf Erden geschieht, werden wir aneinander verwiesen: siehe, das ist dein Sohn; siehe, das ist deine Mutter. Damit beginnt ein langer Weg für uns, der am Ende vielleicht auch zum Ziel führt.

Gott hat keine anderen Hände als die unseren. Er greift nicht ein von oben, sondern durch uns. Durch die Kraft einer Liebe, die sich auch im Angesicht des Todes und des größten Elends nicht davon abbringen lässt, das jetzt Nötige zu tun.

Gethsemane und Golgatha – das sind Stationen des Leidensweges Jesu, die einen Namen haben, weil wir sie kennen. Jenseits von Gethsemane und Golgatha gibt es Stationen, die keinen Namen tragen, weil sie kein fester Ort sind, sondern eine immer wieder neu zu bewältigende Aufgabe:

- der Glaube, der nicht zuschanden wird, der auch noch die Abwesenheit Gottes in dieser Welt erträgt;
- und das Tun, das diesen Glauben im Alltag bewährt.

Mir steht eine Szene vor Augen für das, was ich meine, die eindrücklichste für mich aus dem Film „Holocaust": Moses Weiß, der Anführer des Aufstands im Warschauer Ghetto, greift angesichts des Erschießungskommandos nach der Hand des Jungen nehmen ihm. Alle fassen sich an, die übriggeblieben sind. Und Moses Weiß spricht laut das Glaubensbekenntnis seiner Väter: „Schma Jisrael, Adonai Elohenu, Adonai Ächad – Höre, Israel, der Herr, unser Gott, ist einer ..." Schüsse fallen. Menschen sinken zusammen. „Es ist vollbracht." Es ist zum Weinen. Aber wir brauchen solche Liebe und solchen Glauben unter uns. Wir alle leben und zehren davon.

Nicht ganz verlassen

In seiner Todesstunde ruft Jesus laut. Es klingt wie ein Schrei der tiefsten Verzweiflung: Er fühlt sich verlassen von Gott. Aber es ist der Anfang eines Gebets: Er betet den 22. Psalm. Wer so beginnt, meint nicht nur den Anfang, sondern auch die Mitte und das Ende: „Er hat nicht verachtet noch verschmäht das Elend des Armen ... als er zu ihm schrie, hörte er's", heißt es darin. Jesus ist am Kreuz nicht verlassen – trotz aller Finsternis. Einer ist da, der ihm zu trinken gibt: Essig zur Linderung der Schmerzen. Der Hauptmann und die Wachen bekennen sogar: „Wahrlich, dieser ist Gottes Sohn gewesen!" Und es waren viele Frauen da, die Jesus nachgefolgt waren. Sie hatten ihm im Leben gedient: Maria Magdalena, die Freundin; und die beiden anderen Marien, die Stiefschwestern seiner Mutter. Sie dienen ihm auch jetzt, indem sie nicht flüchten, sondern standhalten. Das ist die Herausforderung dieser dunklen Stunde: nicht wegzulaufen, sondern dazubleiben – unter dem Kreuz, in seiner Nähe. Wie in jeder Sterbestunde sterben wir nicht mit, sondern bleiben da, sehen zu, manchmal wie von Ferne. Aber wir können standhalten, hören, sprechen – auch wenn wir zunächst nur missverstehen. Wir können zu trinken geben, den Schmerz lindern, endlich ein Wort des Verstehens sagen und dienen mit unserer Anwesenheit und unserer Liebe. Dann reißen Vorhänge entzwei und Gräber tun sich auf, dann behält nicht der Tod das letzte Wort, sondern das Leben.

Wir beten: Lass mich verstehen, Gott, was damals geschehen ist: Jesus hat mit seiner Liebe die Grenze des Todes überwunden. Er hat ein neues Sein ans Licht gebracht, und Menschen durften Zeugen sein. Gib mir die Kraft zu solchem Vertrauen. Lass mich standhalten in den Sterbestunden meines Lebens, wenn andere, wenn ich zu Dir gehe. Amen.

Wir singen: „Wenn ich einmal soll scheiden ..." (EG 85,9-10).

Karsamstag

Widersetzlich

Bewacht, gesichert, versiegelt (Matthäus 27,57-66) – so fühlen wir uns manchmal im Leben. Nur damit nichts Ungewöhnliches geschieht oder herauskommt ein Wunder der Liebe. Mit Jesus haben sie es auch so gemacht, die überall Betrug und Verführung wittern und alles in gewöhnliche Bahnen lenken wollen. Und sie haben Verbündete selbst unter den Jüngern: Sie tun einen letzten Dienst und gehen dann resigniert davon. Sie legen ins eigene Grab, was sie geliebt haben, und spüren nicht mehr die Kraft dessen, der heraus will. Sie haben keine Zeit mehr, auf ein Wunder zu warten. Und die anderen, die Frauen? Sie setzen sich dem Grab gegenüber und harren der Dinge, die da kommen sollen. „Dem Grab gegenüber" – wider das Grab gewandt: Das ist der Widerstand, den wir heute brauchen angesichts der vielen schrecklichen Gräber. Wir brauchen keine Grabschaufler, Grabräuber und Grabwächter. Wir brauchen die Widerständler, die Widersetzlichen, die dem Leben noch etwas zutrauen. Dass wahr wird, was er gesagt hat: „Ich will nach drei Tagen auferstehen." Was für ein überlegener Wille aus Liebe und Vertrauen wird da dem Willen der Mächtigen entgegengesetzt! Das wahre Leben lässt sich nicht bewachen, sichern und versiegeln. Es kommt hervor, wenn es an der Zeit ist. Wir sollten unsere Hoffnung bewahren und nicht den großen Stein des Reichtums vor die Tür des Lebens wälzen. Arm und leer werden und warten, dass er, dass es herauskommt: Licht und Leben, wie er es will.

Wir beten: Da sitzen wir nun, Gott, und wissen nicht, was wir tun sollen. Du hast uns das Liebste genommen. Lass uns nicht den Stein der Resignation vor die Tür des Lebens wälzen, sondern deiner Liebe zutrauen, dass die Tür zum Leben wieder aufgeht und du heraustrittst als der Lebendige. Amen.

Wir singen: „Über Gottes Liebe brach die Welt den Stab ..." (EG 98,2-3).

Ostern

Feier der Osternacht

Morgens um halb sechs, wenn es noch dunkel ist, machen wir uns auf den Weg zur Kreuzkirche. Die Dunkelheit und der Name unserer Kirche im Westbezirk erinnern uns daran, welchen Leidensweg Jesus damals gegangen ist von Gethsemane nach Golgatha vor den Toren Jerusalems. Sein Weg wird uns zum Gleichnis werden für all die Kreuzwege unserer Zeit, für das Leiden und Sterben der Menschen.

„Mein Gott, mein Gott, warum hast du mich verlassen?“ Wer alles mag diesen Schrei schon geteilt haben und noch teilen in den dunkelsten Stunden seines Lebens? Aber der Weg in die Kälte und Dunkelheit der Nacht ist nicht endlos und ohne Ziel. Wir gehen zur Kirche in den Gottesdienst und treffen dort andere Menschen, die mit uns auf der Suche sind. Was wir brauchen in solchen Stunden, ist die Erfahrung von Licht, von Helligkeit und Wärme.

„Christus ist das Licht“, so rufen und empfinden wir beim Einzug der Osterkerze in die um sechs Uhr noch dunkle Kreuzkirche. Im Schein dieses Lichtes erinnern wir uns an die großen Heilstaten Gottes:

- an das Licht des ersten Schöpfungstages;
- an das Leuchten des Regenbogens über der bewahrten Schöpfung;
- an die herrliche Freiheit der Kinder Gottes nach Jahren der Knechtschaft in Ägypten und anderswo;
- an den Schimmer der Hoffnung auf dem Grunde der Angst, der alles überstrahlt, wenn wir uns auf ihn nur verlassen.

Christus ist das Licht – diese Erfahrung gehört uns seit unserer Taufe. Deshalb wollen wir sie im Schein der Kerzen besingen mit einem strahlenden, jubelnden Halleluja. Und wenn dann die Sonne aufgeht und den neuen Tag aufleuchten lässt, werden wir verstehen, was damals geschehen ist: „Was suchet ihr den Lebendigen bei den Toten? Er ist nicht hier; er ist auferstanden.“

Christus ist das Licht, das unsere von Kummer und Traurigkeit gehaltenen Augen wieder sehen lässt, Verzagtheit in Freude verwandelt und erstarrte Glieder in Bewegung bringt. So wie die Emmaus-Jünger im Brechen des Brotes den Heiland erkannten, so wollen auch wir uns in Brot und Wein Ermutigung und Gemeinschaft schenken lassen von dem, der gesagt hat: „Ich bin das Licht der Welt. Wer mir nachfolgt, der wird nicht wandeln in der Finsternis, sondern wird das Licht des Lebens haben.“

Engelbotschaft

Ehe wir wissen, weiß es der Engel: Er weiß, wen oder was wir suchen (Matthäus 28,1-10). Wenn er kommt, bebt die Erde unter unseren Füßen: Umstürzende Ereignisse unseres Lebens geschehen immer so. Er wälzt weg den Stein unserer Angst und macht ihn unwirksam mit seiner besitzergreifenden Art. Liebe, Licht und Himmelsmacht nimmt Steine weg und Wachen. Perspektiven werden umgekehrt: Wer in Gräber schauen will, entdeckt das Leben. Menschen, zwei Frauen zuerst, werden getröstet und verwiesen auf das unerhört Neue: „Er ist nicht hier, er ist auferstanden." Kommt und seht, geht und sagt – der Engel zuerst schenkt auch noch die Ordnung des Gottesdienstes seitdem. Unser Galiläa ist das Abendmahl geworden – der Ort, wo wir sehen und schmecken dürfen. Und dann sind sie hingegangen „mit Furcht und großer Freude". Verkündigungsdienst steht bis heute unter diesem Spannungsbogen. Wer auf den Engel hört, dem begegnet Jesus auch heute wie damals: anredend, zulassend und aussendend. Auch darin leuchtet unser Gottesdienst auf: Er begegnet uns, er spricht zu uns, wir dürfen näher treten und ihn umfassen, wir dürfen niederknien und beten. Und er erhebt unsere Herzen, befreit uns von aller Furcht und sendet uns in die Welt. Maria von Magdala und die andere Maria haben die Botschaft Jesu zu den Brüdern getragen. Sie sollen etwas tun: nach Galiläa gehen. Und sie werden etwas erleben: Jesus sehen. Glaube gibt es bis heute nicht ohne Tun und ohne eigene Erfahrung.

Wir beten: Herr Jesus Christus, mache uns bereit, dir zu begegnen. Überwinde unsere Trauer und Furcht. Lass uns mit großer Freude auf Menschen zugehen, die deine Botschaft erwarten. Du willst dich sehen und umfassen lassen. Du willst erfahren werden als der Lebendige und Auferstandene. Amen.

Wir singen: Christ ist erstanden ... (EG 99).

Der Engel des Herrn

Jedesmal, wenn wir den Bericht von der Auferstehung Jesu hören (Matthäus 28,1-6a), fragen wir uns: Wie ist das bloß alles möglich gewesen, was damals geschehen ist? Ein großes Erdbeben, ein Engel vom Himmel, ein weggewälzter Stein, ein auferstandener Toter. Uns überkommen Zweifel. Sollte das wirklich so geschehen sein, wie es berichtet wird? Oder ist das alles nur einer frommen Phantasie entsprungen? Mit unserem kritischen und aufgeklärten Wissen von heute versuchen wir, eine alte Geschichte zu verstehen. Sie zerbricht uns dabei, sie zerrinnt uns unter den Fingern. Wir bekommen so keinen Zugang. Haben wir etwas falsch gemacht?

Einen Hinweis in andere Richtung gibt uns das Osterlied von Wilhelm Willms. Es sagt: Blickt nicht in die Vergangenheit, schaut in eure Gegenwart. Fragt nicht, was war; fragt lieber, was sein könnte.

Welcher Engel wird uns sagen,
dass das Leben weitergeht,
welcher Engel wird wohl kommen,
der den Stein vom Grabe hebt?
Wirst du für mich – werd ich für dich
der Engel sein?

Welcher Engel wird uns zeigen,
wie das Leben zu bestehn?
Welcher Engel schenkt uns Augen,
die im Keim die Frucht schon sehn?
Wirst du für mich – werd ich für dich
der Engel sein?

Welcher Engel öffnet Ohren,
die Geheimnisse verstehn?
Welcher Engel leiht uns Flügel,
unsern Himmel einzusehn?
Wirst du für mich – werd ich für dich
der Engel sein?

„Welcher Engel wird uns sagen, dass das Leben weitergeht? Welcher Engel wird wohl kommen, der den Stein vom Grabe hebt?“ Wir brauchen solche Engel, das steht fest. Weil wir uns manchmal verrennen und zentnerschwere Lasten auf uns liegen. Da ist es gut, wenn uns einer weiterhilft, wenn uns die Augen und Ohren geöffnet werden für das Leben um uns herum.

„Wirst du für mich, werd ich für dich der Engel sein?“ Auf einmal wird mir klar, dass die Frage nach dem, was damals geschehen ist, gar nicht die Hauptsache ist. Nicht die Vergangenheit, sondern die Gegenwart, entscheidet darüber, ob ich dieser Geschichte glauben kann oder nicht.

Ostern, so begreife ich, ist eine Erfahrung. Eine Erfahrung, die Menschen, du und ich, immer wieder einmal machen: dass das Leben weitergeht; dass der Stein weggenommen ist, der auf uns lastet; dass wir Augen und Ohren bekommen für das Schöne und Gute um uns herum; dass wir Kraft finden, unser Leben zu bestehen; ja, dass sich ein Stück Himmel für uns auftut, wir fähig werden, Glück zu erleben. Das geschieht doch mitten unter uns und dann ist Ostern, Auferstehung, Überwindung des Todes. Das ist ja gar keine alte, unglaubliche Geschichte, die mit uns und unserem Leben nichts zu tun hat. Das ist ein Stück von uns selbst, von unserer eigenen Erfahrung, in Bildern und Symbolen verdichtet.

Und noch etwas wird mir klar: Ostern ist eine Aufforderung an uns, ein Spiel zu spielen, etwas aufzuführen, immer wieder aufzuführen und Wirklichkeit werden zu lassen unter uns.

„Wirst du für mich, werd ich für dich der Engel sein?" Was für eine Frage! Wollten wir sie auf Dauer mit einem Nein beantworten, uns verweigern, Ostern zu spielen füreinander, sähe es schlimm aus mit uns und unserer Welt. Dunkelheit, Verzweiflung, Hoffnungslosigkeit - lauter Menschen, die vom Tode regiert sind. Welch ein Segen, dass sich immer wieder Menschen auf den Weg machen, um ein Licht anzuzünden! Die uns erinnern an die großen Taten Gottes: das Licht der Schöpfung, das Leuchten des Regenbogens, den Feuerschein der Befreiung, den Schimmer der Hoffnung. Die selbst ein Licht sein wollen für andere. Und da fragen wir noch: Engel – gibt's die überhaupt?

Es müssen nicht Männer mit Flügeln sein,
die Engel.
Sie gehen leise, sie müssen nicht schrein,
oft sind sie alt und hässlich und klein,
die Engel.
Sie haben kein Schwert, kein weißes Gewand,
die Engel.
Vielleicht ist einer, der gibt dir die Hand,
oder wohnt neben dir, Wand an Wand,
der Engel.
Dem Hungernden hat er das Brot gebracht,
der Engel.
Dem Kranken hat er das Bett gemacht,
er hört, wenn du rufst in der Nacht,
der Engel.
Er steht im Weg, und er sagt: Nein,
der Engel.

Groß wie ein Pfahl und hart wie ein Stein –
es müssen nicht Männer mit Flügeln sein,
die Engel.

So heißt es in einem Gedicht von Rudolf Otto Wiemer.

Engel – das sind wir selbst in menschlichen Begegnungen, die uns wieder aufleben lassen oder uns eine neue Richtung weisen; in Gesten und Zeichen, die uns Hoffnung vermitteln.

Brot zum Beispiel und Wein als elementare Nahrung des Lebens. Was brauchen wir viel, wenn wir nur das haben, um satt zu werden: ein wenig Brot, ein wenig Wein – und die Gemeinschaft derer, die das alles miteinander teilen.

Ein liebevolles, ein tröstenden Wort und ein Weg, der uns gewiesen wird. Ein Licht, das uns leuchtet und wärmt; die Erfahrung von Sinn in den kleinen Begegnungen des Alltags.

Noch einmal: Ostern ist eine Erfahrung – dass das Leben weitergeht, dass es Liebe gibt und einen Sinn.

Und: Ostern ist eine Aufgabe – dass wir lernen, einander die Lasten des Lebens zu tragen, Engel zu sein – Lichter, wie er eines war.

Thomas ist immer der Ernstfall

Der moderne Heilige hat einen sehr alten Namen: Er heißt Thomas, der Zwilling (Johannes 20,19-29). Er zweifelt. Er will handfeste Beweise. Wie damals. In Finnland nennt man deshalb Gottesdienste für zweifelnde Menschen Thomas-Messen. Sie wiederholen auf einer symbolisch vermittelten Ebene, was damals geschah: Wie einer nicht nur auf Worte hin glaubte, sondern das Geschenk der Anschauung und Berührung bekam. Und dann glaubte und heil wurde.

Schauen wir genauer hin zuerst wie das geschieht: die Heilung mit dem Wort. Wie es auch heute noch geschieht bei Ärzten, Psychologen, Theologen. Wir sammeln uns und schließen die Tür. Die Menge der andrängenden Welt bleibt ausgeschlossen. Es entsteht ein heiliger Raum der Aufmerksamkeit, der Konzentration auf das Wesentliche.

Wir stellen eine Atmosphäre des Friedens her, in der die Wunden gezeigt werden dürfen. Nicht nur die des anderen, sondern auch die eigenen. Wir berühren einander nicht nur mit Worten, sondern auch mit Blicken und Gesten. Und selbst wenn wir den

Versuch machen wollten, uns zu verstecken hinter Kittel, Rolle oder Talar: Es geht ja doch nicht, weil der andere auch Augen im Kopf hat, sieht und fühlt und ziemlich genau weiß, was mit uns los ist.

Therapeutische Intervention heißt Frieden schaffen in einem geschützten Raum und dann den Mut haben, etwas zu geben: einen Hauch von Wahrheit, Lebendigkeit, Hoffnung. Wir machen es wie Gott: Wir „beatmen“ die Leute, schenken ihnen Zeit zum Atemholen, hauchen sie an (nicht: pfeifen sie an), damit sie wieder aufatmen können. Und dann nehmen wir ihnen die Last, die sie bedrückt, ermöglichen Verzeihen und Vergebung; laden jedenfalls dazu ein, die Last abzulegen. Und wer sie unbedingt noch eine Weile behalten will, den lassen wir noch eine Weile gewähren und ermuntern behutsam und Stück für Stück, Lasten abzulegen. Wer zu schnell hilft beim Schlüpfen eines Schmetterlings, der zerstört die eigene Kraft, sich entfalten zu können. Wir müssen noch sehr viel geduldiger werden.

Und dann begegnet uns Thomas. Der glaubt nicht, was wir zu berichten haben. Der zweifelt. Der will es am eigenen Leib verspüren, was an den verwandelnden Worten und dem lebendig machenden Geist, dem Anhauch der Wahrheit und Liebe, dran ist. Thomas ist immer der Ernstfall für jede therapeutische Intervention. Er will es mit eigenen Augen sehen, mit seinen Händen begreifen. Er hört nicht einfach aufs Wort. Er will mehr, viel mehr.

Mit Abstinenz oder anderen Formen der Enthaltsamkeit lösen wir das Problem nicht. Wir müssen uns noch einmal drangeben wie Jesus damals – eine Art Wiederholung, aber mit den entscheidenden Variationen.

Also: noch einmal. Abermals. Und nun ist Thomas, nun ist der Zweifler dabei. Und wieder: einen Raum des Friedens schaffen und „Türen zu!“ gegenüber der andrängenden Welt.

Aber dann das Neue, ein Name: Thomas. Zuwendung beginnt so: mit dem Aussprechen des Namens!

Und dann: Reiche deinen Finger her. Im Abendmahl ist es die ganze Hand, die ausgestreckt wird von dem, der etwas nehmen will, berühren und behalten will. Man könnte das zum Erkennungszeichen der Christen machen: die ausgestreckte Hand, die Heilsames empfängt.

Wie bei Robert Lembkes heiterem Berufe-Raten: Woran erkennt man einen Christen? An der ausgestreckten Hand, die Heilsames empfängt.

Ohne die ausgestreckte Hand oder doch wenigstens den kleinen Finger geht gar nichts: Wer nichts nehmen will, dem können wir auch nichts geben. Doch von wem lässt sich einer gern beschenken? Doch nicht vom Perfekten, sondern von dem selbst Verwundeten. Nur der verwundete Heiler kann heilen. Die Glatten und Unbeschädigten tun es freilich nicht.

Jesus, der auch schon mal sagte, wenn es nötig war: „Rühr mich nicht an“, sagt hier: „Reiche deine Hand her und lege sie in meine Seite.“

Diese Szene haben wir aus verständlichen Gründen symbolisch verwandelt. Wir sagen heute: Reiche Deine Hand her, ich lege in sie, was ich zu geben habe: meine Aufmerksamkeit, mein fachliches Können, meine Liebe und Wertschätzung. Ich gebe Dir, was ich zu geben habe. Kann sein, dass Du in Deine ausgestreckte Hand auch den gelegt bekommen möchtest, der sein Leben gab für die Liebe in der Welt, für die Vergebung aller Schuld, auch für Dich und Dein ungewöhnliches Erleben und Verhalten. Nimm ihn ruhig ganz hin. Er ist ja doch nur ein Stück Brot und ein Schluck Wein. Wenn Du willst.

Mehr habe ich nicht: mich und ihn. Aber nimm es. Es hilft. Der Mensch ist die Medizin des Menschen. Und dann hab einfach Vertrauen. Es wird alles gut – wie und weil und obwohl es so ist, wie es ist – Du so bist.

Die Wahrheit der Annahme besteht in diesem Akzeptieren dessen, was in meine Hand gelegt wird mit Aufmerksamkeit und Liebe. Von den Unaufmerksamen und Lieblosen müssen wir nichts nehmen. Gegen die dürfen wir uns wehren. Wir nehmen nicht alles hin, nur das, was heilt und neuen Atem schenkt. Und damals war Thomas begeistert und glaubte. Und auch heute noch nehmen die erst Zögerlichen und Misstrauischen unsere Hilfe an, wenn sie spüren: Das ist wirklich eine Gabe.

Aber dann kommt noch ein letztes Geheimnis, und das ist wirklich schwer zu verstehen, weil sich doch gerade einer geschenkt und gegeben hat: „Selig sind, die nicht sehen und doch glauben!“

Jesus kennt das aus der frühesten Kindheit: Gott ist da, die Mutter (der Vater) ist da, Du kannst es sehen und fühlen, und in der Liebe darfst Du es immer wieder berühren. Aber es wird auch wieder gehen oder genommen werden – wie Du gehen und vergehen wirst. Wirklich behalten kannst Du nur innen. Also bau das auf: dieses tiefe Vertrauen innen. Auch wenn äußerlich nichts zu sehen und zu spüren ist: Es ist ja da. Innen! Das ist das ganze Geheimnis.

Was verbreitet wird

Zwei Missionsbefehle in einem Abschnitt: ein erkaufter und ein erglaubter (Matthäus 28,11-20). Die Wachsoldaten bekommen viel Geld, um eine Lüge zu verbreiten, eine Lüge, die sich selbst der Unfähigkeit bezichtigt – aber was macht das schon bei so viel Geld? Hochbezahltes, falsches Gerede gibt es bis heute in allen Gazetten – was macht es schon, dass dabei die Wahrheit auf der Strecke bleibt? Wirklich mächtig, wirkmächtig, ist ein ganz anderer Vorgang, eine andere Mission: Die Jünger gehen nach Galiläa auf den Berg und nehmen einen weltverändernden Auftrag entgegen für Mund, Herz und Hand. Sie müssen nicht mit Geld bestochen werden, weil das Bestechende jenseits des materiellen Vorteils liegt: Da tritt einer auf mit göttlicher Vollmacht und sendet hinaus in die Welt zu den Menschen aller Völker. Sie sollen in die Nachfolge gerufen, getauft und unterwiesen werden in den Regeln eines gottgewollten Lebens. Der den Auftrag gibt, lässt sie damit nicht allein, sondern verheißt seine stärkende Gegenwart als der lebendige Herr: „Und siehe, ich bin bei euch alle Tage bis an der Welt Ende." Matthäi am Letzten redet nicht vom Weltuntergang, sondern vom Gewinnen einer großen Gemeinde in der beständigen Gegenwart Jesu. Was auf uns zukommt, ist nicht der Untergang, sondern Gott. „Ich glaube, Gott kommt", sagt der Diener zu seiner Herrin in „Jenseits von Afrika", als die Plantage verbrennt. Von diesem Advent redet Matthäus im Präsens: Er ist da – jetzt!

Wir beten: Herr, mache mich zum Werkzeug deines Friedens, deiner Botschaft in der Welt. Bewahre mich vor der Versuchung des Geldes, hilf mir, alles falsche Gerede zu überwinden. Lass mich im Vertrauen auf deine Gegenwart dir dienen mit Herzen, Mund und Händen. Amen.

Wir singen: „Sonne der Gerechtigkeit ..." (EG 262,1-7).

Himmelfahrt

Kraft aus der Höhe

Zum zweiten Mal nehmen die Jünger Abschied von Jesus (Lukas 24,50-53). Doch diesmal ist alles ganz anders als beim ersten Mal: sie spüren das Licht und die Wärme, die von ihm ausgeht. Es ist gut so, wie es ist. Sie können ihn loslassen und haben ihn doch allezeit bei sich. Fröhlich und voller Zuversicht kehren sie wieder in ihren Alltag zurück. Es gibt für sie noch so viel zu sagen und zu leben.

Solche beglückenden Erfahrungen machen Menschen auch noch heute. Freilich erst nach einem langen Weg durch Traurigkeit, Zweifel und Anfechtungen. Wenn wir einen geliebten Menschen verlieren, dann können wir es erst gar nicht fassen, leugnen die Realität des Todes oder wollen in einer Art Überreaktion möglichst schnell alles hinter uns bringen. „Kurz und schmerzlos" soll es sein: das Sterben und das Trauern.

Aber so glatt geht es im Leben und auch im Sterben nicht. Es wäre wohl auch nicht gut für uns, so ganz ohne Anstoß und Herausforderung zu bleiben. Wir sollen schließlich einen Weg gehen, der uns verwandelt: durch Schmerzen zum Licht. Die Jünger Jesu sind diesen Weg gegangen, jede auf ihre Weise, jeder auf seine Weise.

Als er starb, hüllte sich ihr Leben in Finsternis und Verlorenheit. Sie waren niedergeschlagen und voller Angst. Die Traurigkeit ließ sie stehen bleiben auf ihrem Weg durchs Leben. Es war ihnen, als wäre alles zu Ende. Aber der Geliebte war ihnen doch nahe und ging mit ihnen. Angestoßen von ihm konnten sie sich alles vom Herzen reden, was sie bedrückte. So kamen sie wieder in Bewegung, schauten rückwärts zwar, aber öffneten doch wieder ihre Augen. Begleitet und getröstet von seiner Liebe begannen sie allmählich zu verstehen. Er machte ihnen ein Geschenk: die Fähigkeit, mit seinen Augen zu sehen, durch Dickicht und Unklarheiten hindurch den Willen Gottes zu erkennen, seine Liebe und Güte.

Noch einmal spürten sie die Wärme und verwandelnde Kraft seiner Nähe. Augen und Herzen gingen ihnen auf, sie konnten wieder lieben. Am liebsten hätten sie diese Erfahrung für immer bei sich behalten, diesen beglückenden Augenblick des tiefen Erkennens. Aber da machte ihnen Jesus sein letztes Geschenk: er ließ sie gehen in ihr alltägliches Leben zu den Menschen und Aufgaben, die auf sie warteten, mit seinem Segen.

Und nun konnten sie die Trennung verkraften. Sie war nicht wie das erste Mal ein Schock, ein unbegreifliches Einstürzen aller Hoffnungen und Erwartungen. Nein, diesmal konnten sie ihn loslassen, weil sie wussten, dass sie ihn unverlierbar bei sich hatten. Sie konnten leben mit großer Freude und Dankbarkeit. Und was das Schönste von allem war: Sie waren wieder voller Erwartung gegenüber dem Leben und gegenüber Gott.

So lange dauert es manchmal, bis aus einem Karfreitag Himmelfahrt und Pfingsten wird. Aber auch wenn uns der Weg schier endlos vorkommt: Gott lässt uns nicht allein, sondern schenkt uns die Kraft aus der Höhe.

Pfingsten

Ergriffen vom Leben

Als Jesus stirbt, sind die Jünger verzweifelt und traurig. Er, der für sie alles Heil bedeutet hat, ist tot. Verstört und mutlos gehen sie auseinander. Einer hat ihn verraten, ein anderer verleugnet, fast alle sind sie geflohen.

Fünfzig Tage später, so berichtet die Bibel, sitzen sie wieder beisammen, fröhlich und mutig, und erzählen begeistert von Jesus. Besonders Petrus, der einfache Fischer vom See Genezareth, der eben noch Jesus im Hof des Hohenpriesters verleugnet hat, tut sich hervor und hält eine ergreifende Predigt (Apostelgeschichte 2,14-36).

Da ist nichts mehr zu spüren von der Traurigkeit und Verzweiflung des Karfreitags. Pfingsten ist voller Freude und Begeisterung, die ansteckend wirkt. Was ist geschehen?

Menschen sind den langen und steinigen Weg der Trauer gegangen, an dessen Ende die Verheißung des Trostes steht.

Zunächst ist da nur Schock und Betäubung, das Nicht-Wahrhaben-Wollen des Todes, das Weglaufen davor. Aber dann, mit der Anerkennung des Todes, mit dem Zulassen von Schmerz und Betroffenheit, beginnt ein Prozess der Überwindung, in dessen Verlauf das Leben über den Tod siegt. Ich lerne loszulassen, ohne zu verlieren.

Es ist wahr, er ist tot, den ich so sehr geliebt habe. Aber er ist nicht erledigt für mich. Er wächst ein Stück in mich hinein und macht mich reicher. Seine Liebe ist aufgehoben in meiner Liebe, sein Leben in meinem Leben.

„Wo zwei oder drei in meinem Namen versammelt sind, da bin ich mitten unter ihnen“, hat Jesus gesagt. So geschieht Auferstehung, der Sieg des Lebens über den Tod.

Pfingsten – das ist das Fest der Ausgießung des Heiligen Geistes, wenn der Trost über uns kommt und alle Traurigkeit in Freude verwandelt wird.

Trinitatis

Vestigia Trinitatis

Am heutigen Sonntag feiern wir das Trinitatisfest. Drei (tres) und doch eins (unitas) – das beschreibt das Geheimnis des christlichen Gottesverständnisses. Gott enthält schon in sich selber Person und Gespräch – als Vater, Sohn und Heiliger Geist. Gott enthält in sich Dynamik und Entwicklung. Als Menschen sind wir hineingenommen in diese Bewegung. Wir dürfen nämlich erwachsen werden auch im Glauben. Solange wir Kinder sind, haben wir Vater und Mutter als Bezugspersonen. Das wirkt sich aus auf unser Gottesbild: Gott ist wie ein Vater oder wie eine Mutter für mich. Wenn wir erwachsen werden, verlassen wir Vater und Mutter und wenden uns einem gleichaltrigen Partner, einer gleichaltrigen Partnerin zu. Auch Gott ist solch ein Freund und Partner auf dem Lebensweg, ein Mensch wie ich in Jesus Christus – doch ohne Sünde. Und wenn wir später ohne Partnerin oder Partner auskommen müssen und allein zurückbleiben, spüren wir inwendig den Trost in der Erinnerung an gutes, gemeinsames Leben. Auch das spiegelt sich in Gott wider: im Heiligen Geist, der uns in alle Wahrheit leitet. Christlicher Gottesglaube fixiert nicht auf kindlichen Stufen, sondern ermöglicht Wachstum und Freiheit: Gott ist über mir, neben mir, in mir. Manche meinen, dass sei hoch spekulativ und wenig biblisch begründet. Das stimmt in gewisser Weise: Die Trinitätslehre steht nicht so einfach in der Bibel. Aber es gibt Spuren ihrer Wirkung und Wirklichkeit – „vestigia trinitatis“. Eine Spur finden wir im Bild der drei Männer, die Abraham und Sara besuchen im Hain zu Mamre. Die Geschichte wechselt von drei auf eins und wieder von eins auf drei. Gott ist Person und Gespräch – und wir sind hineingenommen, damit wir wachsen und uns entwickeln dürfen, damit unsere Hoffnung zur Welt kommt und neues geboren wird.

Eine andere Spur: Der aaronitische Segen aus 4. Mose 6,22-27, der in den evangelischen Predigten des heutigen Sonntags ausgelegt wird:

> *Gott, der Herr, segne dich und behüte dich,*
> *Gott, der Herr, lasse sein Angesicht leuchten über dir und sei dir gnädig;*
> *Gott, der Herr, erhebe sein Angesicht auf dich und gebe dir Frieden.*

So ist der dreieinige Gott: er behütet, er ist gnädig, er schenkt Frieden – als Vater, Sohn und Heiliger Geist. Er möchte, dass wir hineinwachsen in solches Personsein, in solches Gespräch, in solches Verhalten. Damit wir werden wie er – menschlich und kommunikativ, eben: dreieinig.

Sommerferien/Schulbeginn

Sommerzeit

Der Sommer bringt uns wieder heraus aus dem Haus in eine wunderschöne Natur. Auch wenn das Wetter hin und wieder eintrübt oder unbeständig wird: Es liegt ein heller Glanz über der Schönheit dieses Sommers. Wir werden leichter und beschwingter – nicht nur in unserer Kleidung, auch in unserem Herzen und in unserer Haltung.

Wir kommen heraus aus dem Haus der Sorgen, genießen Urlaub und Freiheit von den Alltagsverpflichtungen. In solchen Zeiten brauchen wir eigentlich nur wenig, um glücklich zu sein. Alles ist da, was wir zum Leben brauchen. Wir ahnen etwas von der Leichtigkeit des Seins, die in den tropischen Ländern grundsätzlich vorhanden zu sein scheint, wenn nicht durch Ausbeutung und Ungerechtigkeit das Paradies wieder zunichte gemacht wird.

Wir Nordeuropäer haben gelernt, für die Wintermonate vorzusorgen. Vielleicht hat das ins uns einen Trieb zum Sammeln und Festhalten ausgelöst und tief verankert, den wir nur unter dem blauen Sommerhimmel für eine Zeitlang loslassen können. Jesus ermahnt uns, es mit dem Haben und Behalten-Wollen nicht zu übertreiben: Seht zu und hütet euch vor aller Habgier; denn niemand lebt davon, dass er viele Güter hat (Lukas 12,15).

In seiner Sorglosigkeit und in seinem Vertrauen auf den himmlischen Vater kommt bei Jesus eher die Mentalität eines Sommer- und Sonnenmenschen zum Tragen: Es ist ja alles da, was wir zum Leben brauchen; der himmlische Vater sorgt für uns. Wir dürfen leichter und unbeschwerter durchs Leben gehen, weil jeder Tag eine kleine Überraschung bereit hält: Es ist genug Liebe und Freundlichkeit da, wir brauchen nur unser Herz zu öffnen, um die uns zugedachten Gaben der Liebe und Menschenfreundlichkeit Gottes zu sehen. Ob es gelingt, etwas von dieser Sommer- und Urlaubsleichtigkeit mit in den Alltag zu nehmen?

Wir werden wieder Pläne schmieden, Termine abmachen, Aufgaben lösen, den Alltag bewältigen. Wir werden auch wieder Vorsorge treiben, Vorräte sammeln und uns einrichten auf einen langen Winter. Aber wir sollten diese in unseren Breitengraden so wichtigen Tugenden auch nicht übertreiben und allzu gierig werden, Besitz anhäufen und unfrei werden. Sonst muss der nächste Sommer wieder kräftig an uns arbeiten: der frische Wind, die strahlende Sonne, das kühlende Wasser.

Wir brauchen diese Zeit, in der Gott an uns arbeitet: mit Ruhe und Aufhellung, mit Leichtigkeit und Ermunterung. Er umgibt uns mit dem großen Reichtum seiner Schöpferkraft und mit seinem Wort, von dem wir viel mehr leben, als wir manchmal ahnen.

Pilgerwege

Jedes Jahr sind Menschen unterwegs in den Urlaub, um Neues zu sehen, einmal richtig auszuspannen, fremden Menschen zu begegnen. Andere beteiligen sich an Studienreisen, um Städte, Kunst und Kultur der Heimat oder eines fremden Landes kennen zu lernen. Wieder andere begeben sich aus religiösen Gründen auf eine längere Pilgerreise, gerade in diesem besonderen Jahr 2000.

Schließlich gibt es nicht wenige, die brechen auf in die Stille eines Klosters, in eine besinnliche Weiterbildung, um sich selber, ihren Nächsten oder Gott zu finden. Allen gemeinsam ist eine mehr oder weniger ausgeprägte Sehnsucht, die unterschiedliche Ziele, äußere Veränderungen und innere Verwandlungen anstrebt. Neben dem Verlangen, einfach einmal „die Tapeten zu wechseln“, bricht bei vielen eine Sehnsucht auf, deren Aufmerksamkeit sich auf etwas richtet, „was mehr ist als Stoffwechsel, Blutkreislauf, Nahrungsaufnahme, Zellenzerfall“ (G. Kunert).

Menschen mit solcher Sehnsucht begegnen wir häufig auf den Jakobuswegen nach Santiago de Compostela oder auch auf den Pilgerreisen, die gerade in diesen Wochen durch Nordelbien oder das Lauenburger Land führen. Sie wollen die Kirchen, Klöster, Dörfer und Städte am Weg kennen lernen, sie freuen sich über Museumsbesuche, Folklore, Landesgeschichte, Kirchen, örtliche Besonderheiten. Doch sie suchen mehr als das. Sie sind Sucherinnen und Sucher nach Deutung und Sinn des jeweiligen Pilgerweges, aber auch eines Weges für sich und oft auch „für mehr als mich“ (G. Kunert). Vielleicht hat die Erzählung von einer Pilgerreise sie in Bewegung gebracht, eine befreundete Person, eine schicksalhafte Begegnung, eine Krankheit oder eine tiefe Frage nach Sinn.

Die Sehnsucht der Sinnsuche nimmt Gestalt an, indem wir einfach aufbrechen. Wir spüren es dann mit allen Sinnen, mit Leib und Seele während des Unterwegsseins, was wirklich gut für uns ist und was wir brauchen. Wir erleben es besonders beim Ankommen: Da ist ein Ziel und wenn es auch nur ein vorläufiges ist, da gibt es ein Willkommen und eine Möglichkeit zum Ausruhen. Am Ende unserer Wegstrecken dürfen wir ankommen und entdecken die Gemeinschaft der Mitwandernden, Mitsuchenden, Mitankommenden. Nicht irgendwo, sondern an einem konkreten Ort kommen wir an mitten im Alltag des Lebens. Dort ist der Ort, an dem „Himmel und

Erde sich berühren". Leben ist ein Weg und ich bin als Pilger suchend und immer wieder ankommend unterwegs.

Pilgern heißt also, bewusst einer Sehnsucht nach-gehen: nach dem Wesentlichen, nach Begegnung mit Gott, mit anderen, mit sich selbst. Die Schnelligkeit des vertrauten Alltags wird zurückgelassen. Pilgernde Menschen brechen in das Unerwartete auf. Das Loslassen geschieht im Gehen wie von selbst. Durch geistliche Elemente wie Singen und Meditieren, Gottesdienst feiern und Bibelworte hören, sich austauschen und schweigen, entstehen Erfahrungen der Nähe Gottes und damit ein tieferes Verständnis für die Geheimnisse eines erfüllten Lebensweges.

Grenzen überschreiten

Auf unserem gemeinsamen Pilgerweg haben wir am 22. Juli 2000 in einer kleinen Gruppe von 18 Personen die Elbe überschritten. Hinter der Brücke sind wir gleich rechts abgebogen und noch eine Weile am Elbdeich entlang gepilgert. In der Nähe eines kleinen Wäldchens haben wir am Deich Rast gemacht und unseren biblischen Impuls gehört: „Mache dich auf und werde ... ein Grenzgänger". Dazu hörten wir die biblische Geschichte von Israels Durchzug durch den Jordan (Josua 3,7-17).

Schon vorher gab es einige kritische Bemerkungen, wie es denn „Grenzgänger" oder „Grenzüberschreitung" heißen könne, wenn wir doch nur mal so eben über die Elbe gingen – von einem Bundesland zum andern, von einer Landeskirche zur anderen. Was sei denn daran „grenzüberschreitend"? Gewiss gibt es deutlichere Grenzen auf der Welt, auch solche, die schwer bewacht werden oder gar nicht überschritten werden dürfen. Wir sind dankbar, dass wir in Deutschland, auch an der Elbe, gerade eine solche Grenze endgültig überwunden haben. Aber alle Pilger denken beim Überschreiten eines Flusses immer auch an die Grenze, die einmal unserem Leben gesetzt ist: „Wenn ich weiß, dass meine Zeit gekommen ist, dann werde ich den Strom überqueren", singt die schwedische Popgruppe ABBA in ihrem Song „I have a dream". Solche Gedanken spielten in der Pilgergruppe insofern eine Rolle, als sich eine Mitpilgernde am Tag nach dem Abschlussgottesdienst einer schweren Operation unterziehen musste.

Die biblische Geschichte vom Durchzug Israels durch den Jordan beginnt mit einer großen Verheißung an Josua: „Heute will ich anfangen, dich groß zu machen vor ganz Israel." Und Josua gibt diese Ermutigung an das Volk Israel weiter: „Daran sollt ihr merken, dass ein lebendiger Gott unter euch ist." Ins Wasser des Jordan gehen zunächst die Priester mit der Bundeslade und zwölf Männer als Repräsentanten der

Stämme Israels. „Wenn dann die Fußsohlen der Priester in dem Wasser des Jordan still stehen, so wird das Wasser des Jordan nicht weiter laufen, sondern stehen bleiben wie ein einziger Wall.“ Und ganz Israel ging auf trockenem Boden hindurch, bis das ganze Volk über den Jordan gekommen war.

In der Auslegung und Zueignung dieser Geschichte geht es nun darum, Zug um Zug zu entdecken, wie sehr hier auch unsere eigene Geschichte beschrieben wird, wenn wir vor der Herausforderung stehen, eine Grenze zu überschreiten – die Grenze von Angst, Sorge und Tod.

Wir sind nicht allein, Gott geht mit uns. Auf dem Pilgerweg tragen wir das blumengeschmückte Holzkreuz vor uns her. Wir sind nicht allein, wir begleiten einander als Weggefährten und tun einander einen priesterlichen Dienst im gemeinsamen Singen und Beten. Das Priestertum aller Gläubigen fordert uns heraus, einander beizustehen, dazwischenzutreten, still zu stehen auf dem Grunde der Angst. Und siehe da: Die Wasserfluten von Angst, Sorge und Tod schlagen nicht über unseren Köpfen zusammen und reißen uns nicht in die Tiefe.

Beim Propheten Jesaja steht die starke Zusage: „Fürchte dich nicht, denn ich habe dich erlöst; ich habe dich bei deinem Namen gerufen; du bist mein! Wenn du durch Wasser gehst, will ich bei dir sein, dass dich die Ströme nicht ersäufen sollen; und wenn du ins Feuer gehst, sollst du nicht brennen, und die Flamme soll dich nicht versengen. Denn ich bin der Herr, dein Gott, der Heilige Israels, dein Heiland. Ich habe viel für dich getan, weil du in meinen Augen so wert geachtet und auch herrlich bist und weil ich dich lieb habe“ (Jesaja 43,1-4).

Auf einmal werden die Namen der Völkerstämme lesbar als Kryptogramme unserer verborgenen Ängste, Befürchtungen und Leidenschaften: „Daran sollt ihr merken, dass ein lebendiger Gott unter euch ist und dass er vor euch vertreiben wird die Kanaaniter, Hethiter, Hewiter, Perisiter, Girgasiter, Amoriter und Jebusiter: Siehe, die Lade des Bundes des Herrschers über alle Welt wird vor euch her gehen in den Jordan.“ Die Bundeslade hat sich für uns verwandelt in das Kreuz Jesu Christi, der vor uns her gegangen ist in den Tod und der uns Sünde, Tod und Teufel überwunden hat in seinem Sterben und Auferstehen. Und die Steine des Gedenkens an den Durchzug Israels durch den Jordan (Josua 4)? Gott hat uns diese Steine in Brot (und Wein) verwandelt. Bei der Eucharistie jeden Morgen zu Beginn unseres Pilgerweges haben wir uns erinnert an das Pascha-Opfer, das Durchschreitungsopfer, Christi. Er ist uns zum Grund-, Gedenk- und Eckstein unseres Lebens geworden. So müssen wir uns nicht Steine aufsammeln aus dem Fluss und mit uns tragen ein Leben lang, sondern wir dürfen jeden Tag neu Wegzehrung empfangen und mit leichtem Gepäck durch unser Leben ziehen: großgemacht von einem lebendigen Gott.

Gast und Fremdling

„Zu Hause ist es doch am schönsten", so freut sich der Urlauber, nachdem er sich in der Fremde verwöhnen ließ. Braungebrannt, voller Eindrücke, gepflegt und wohlgenährt kehrt er dann doch gerne wieder in seine gewohnte Umgebung zurück. Denn hier warten schon die Daheimgebliebenen, Verwandte und Freunde.

„Zu Hause ist es doch am schönsten", das ist mehr als ein Sprichwort. Auch wenn der Urlaub in der Fremde den Komfort zu Hause weit übertroffen hat, auch wenn die Menschen am Urlaubsort sich in ihrer Gastfreundlichkeit gegenseitig überboten, steht dagegen doch auch eine ernüchternde Erfahrung. Es ist die Erfahrung, dass der bestens bewirtete Gast weniger Rechte als der normale Einheimische hat. Er hat weniger Einsicht in die Verhältnisse vor Ort. Er erhält weniger Vertrauen als ein Ortsansässiger. Er ist eben Gast. Er ist eben Fremdling. Er ist erwünscht oder geduldet wegen seines Geldes. Er ist nur auf Zeit anwesend.

Nicht nur im Urlaub in südlichen Ländern, sondern auch in christlichen Häusern gibt es heute noch manchmal den Brauch, das Beste auf den Tisch zu stellen, wenn Gäste erwartet werden. Aber das gibt den Gästen nicht die Rechte, die den Hausbewohnern zustehen. Bestimmte Teile der Wohnung sind z.B. für die Gäste tabu. Ein ordentlicher Gast bewegt sich vorsichtiger durch die ihm fremde Wohnung als die Einheimischen.

„Nicht mehr Gäste und Fremdlinge seid ihr, sondern Mitbürger der Heiligen und Gottes Hausgenossen." Das ist Mahnung und Verheißung im Epheserbrief (2,19). Aus Menschen verschiedener Herkunft macht der Glaube ein neues Volk, Mitbürger der Heiligen. Frauen und Männer. Auch wer erst später zu diesem Volk hinzugestoßen ist, gehört gleichberechtigt dazu.

In unseren Gemeinden sollte der Wochenspruch Nachdenken auslösen, denn längst sind die besten Plätze in unseren Gruppen und Veranstaltungen verteilt. Neulinge, Neugierige, Gottsuchende werden oft genug wie Eindringlinge behandelt, im besten Fall wie Gäste, die bald wieder gehen werden. Der Gaststatus aber ist nach neutestamentlichen Maßstäben zu wenig für unsere Zusammenkünfte, denn Ziel unserer Gemeinschaft in der Kirche ist die Einbürgerung als die Heiligen und Hausgenossen Gottes mit gleichen Rechten und Pflichten.

„Zu Hause ist es doch am schönsten!" Dieses Sprichwort gilt in der christlichen Gemeinde für meinen Nächsten wie für mich selbst.

Leuchtzeichen am Weg

In der Abendsonne leuchtete die vergoldete Figur der Maria Himmelskönigin am Turm der Teynkirche im sommerlichen Prag – ein Zeichen strahlender Hoffnung nach grauem sozialistischem Alltag. Eine Stadt in der Mitte Europas findet zurück zu ihrer Freiheit und zu ihrem Glauben – das war mein Eindruck während unserer Urlaubsreise in den Bayerischen Wald, nach Prag und ins Erzgebirge.

Überall brauchen Menschen Zeichen verlässlicher Hoffnung. Die Freiheit des Geldes, der Waren und Dienstleistungen allein genügt nicht. Es müssen andere Orientierungen hinzukommen, die etwas aufscheinen lassen von unserer Menschlichkeit, unserer Bereitschaft zum Teilen, unserer Gastfreundschaft gegenüber den Fremden, unserer tiefen Verwurzelung in abendländischer Kultur und Geschichte.

An diesem Sommerabend in Prag habe ich leuchten sehen, was ein Zeichen der Hoffnung für das vereinte Europa sein könnte. Die vergoldete Figur der Maria Himmelskönigin steht für mich für die biblische Verheißung, dass Gott sein Volk nicht auf Dauer den dämonischen Kräften überlassen wird (Offenbarung 12). So spricht sie auch aus dem Brüggemann-Altar im Schleswiger Dom zu uns: Gott rettet heraus und hilft überwinden, was unter uns eine große Versuchung zum Bösen und zum Unfrieden sein könnte.

Die goldenen Konfirmandinnen und Konfirmanden dieses Jahres (besonders des Jahrgangs 1946) wissen noch ein Lied davon zu singen, welcher Streit damals um ihre Seelen geführt wurde. Wohl denen, die sich leiten ließen von biblischen Vorbildern und den Segensworten vertrauten, die Hauptpastor Meyer ihnen nahezubringen versuchte. Sie haben in ihrer Jugend eine politische Wende erlebt, die sich unter anderen Vorzeichen in diesen Jahren ein zweites Mal in Europa vollzieht. Werden wir diesmal verstehen, worin unsere Zukunft liegt, oder werden wir wieder einmal alles verspielen um des kurzfristigen materiellen Vorteils willen?

Ein neuer Jahrgang von Konfirmandinnen und Konfirmanden beginnt in diesen Tagen mit dem Unterricht und wird im Gottesdienst der Domgemeinde begrüßt. Ob wir ihnen deutlich machen können, dass wir Lebensworte zu vermitteln haben, leuchtende Vorbilder, die helfen, ein Leben in Verantwortung vor Gott und den Menschen zu führen?

Propst Heyde entließ die Abendmahlsgäste am 13. Juli im Dom mit den Segensworten: „Weise mir, Herr, deinen Weg, dass ich wandle in deiner Wahrheit; erhalte mein Herz bei dem einen, dass ich deinen Namen fürchte“ (Psalm 86,11). Um diese Konfirmation, um diese Befestigung unserer Herzen auf dem Weg durch unser ganzes Leben, geht es auch heute.

Die goldenen Konfirmandinnen und Konfirmanden kennen die Lebensworte, die sie getragen haben in den vergangenen fünfzig Jahren. Mögen die Jüngeren, die ihren Spuren folgen, auch solche Worte entdecken, die ihnen Leuchtzeichen auf dem Wege sein können. „Herr, dein Wort ist meines Fußes Leuchte und ein Licht auf meinem Wege“ (Psalm 119,105).

Das Ziel unserer Wege

Ende August/Anfang September beginnt wieder die Schule. Aber nicht nur die Schülerinnen und Schüler machen sich daran, eine neue Wegstrecke in Angriff zu nehmen. Auch viele Erwachsene kehren aus dem Urlaub zurück und beginnen in diesen Tagen wieder mit einem neuen Stück ihres Berufs- und Lebensalltages. Was wird uns der Weg bringen, auf den wir uns nun begeben? Wohin gehst Du? Wohin gehe ich? Um dieser Frage etwas näher zu kommen, möchte ich mit Euch, mit Ihnen, das Bild vom Labyrinth in der Kathedrale von Chartres betrachten. Es stammt aus dem 12. Jahrhundert, hat zwölf Meter Durchmesser und heißt Lieu, Meile, der zu gehende Weg.

Haben Sie schon einmal versucht, den Weg des Labyrinths zu begehen? Versuchen Sie es einmal, ohne Finger oder Stift nur mit den Augen, die Linien von außen bis ins Zentrum und zurück nachzufahren. Es ist gar nicht so einfach. Besonders an den Kurven wird es schwierig. Aber irgendwann merkt Ihr, merken Sie dann, dass es gar kein Labyrinth wie in der griechischen Sage von Theseus, Ariadne und Minotauros ist. So verschlungen und unübersichtlich dieser Weg auch aussieht, man kann sich auf ihm nicht verlaufen. Der Weg führt nur zu einem einzigen Ziel.

Am Anfang führt der Weg fast direkt auf die Mitte zu. Ich glaube mich dem Ziel ganz nahe. Aber in kurzen Schwüngen leiten mich die Kurven wieder von der Mitte weg, um mich im nächsten Moment dem Mittelpunkt wieder hoffnungsvoll nahekommen zu lassen. Dann führen mich die Linien in die „hinteren Reihen" des Labyrinths. Ich bewege mich immer weiter weg von der Mitte. In großen, weiten Schwüngen laufe ich die Ränder des Labyrinths ab, erst die linke, dann die rechte Hälfte. Einmal noch muss ich ganz an den Rand, um nach einer letzten Kurve die Mitte zu erreichen. Ein geheimnisvolles Symbol für unser Leben!

In dem Labyrinth können wir ein Kreuz erkennen. Trotz seiner verschlungenen Wege bekommt das Labyrinth dadurch eine gewisse Regelmäßigkeit. Wenn ich in dieses Labyrinth meines Lebens eintrete, sei es in Gedanken oder mit meinen Füßen, dann betrete ich also keinen Irrgarten, aus dem ich vielleicht nicht mehr herausfinde, so wie es Theseus in der griechischen Sage befürchtete und sich mit dem Ariadnefaden dagegen schützte, sondern mein Weg hat ein festes, unverrückbares Ziel.

Das Labyrinth von Chartres spricht meine Sehnsucht an, endlich einen Weg zu meiner Mitte zu finden und dem Sinn für mein Leben auf die Spur zu kommen. Von dieser Mitte sagen wir Christen, dass sie Jesus Christus selbst ist. Finden wir zu dieser Mitte, finden wir zu uns selbst und zu Gott. Unser ganzes Leben, von dem der jetzt vor uns liegende Abschnitt nur ein Teil ist, ist der Weg hin zu dieser Mitte. Treten wir einmal in diesen Lebenskreis ein, ist unser ganzer Weg, unser ganzes Leben, von dieser Mitte her bestimmt. Ob wir uns nun ganz am Rande fühlen oder nahe der Mitte sind - wir können nicht aus diesem Lebenskreis herausfallen, sondern haben an allen einzelnen Punkten des Labyrinths, an allen einzelnen Stationen unseres Lebens, Kontakt und Bezug zu dieser Mitte. Wir können Gott nicht ausweichen. Und wir können sicher sein, dass uns Gottes Schutz und Treue begleiten.

Michaelis

Warum mir die Engel so wichtig geworden sind

Sonntag für Sonntag hören wir im Gottesdienst die Botschaft der Engel: „Ehre sei Gott in der Höhe und Friede auf Erden und den Menschen ein Wohlgefallen". Gott sendet seine Boten, um uns zu ermutigen, zu stärken und zu beschützen – vor Irrwegen zu bewahren und auf den rechten Weg zu bringen. Wir sehen sie meist nicht, aber wir träumen von ihnen, wir spüren ihre Nähe, wir rufen sie an: „Dein heiliger Engel sei mit mir, dass der böse Feind keine Macht an mir finde" (M. Luther). In jedem Gebet wartet ein Engel auf uns, der uns verändert und stärkt.

Im Laufe der Geschichte haben die Menschen den Engeln nicht nur Gebete gewidmet, sondern auch Gedichte und Lieder, Bilder und Skulpturen, Bücher und Filme, Schlager und Kantaten. „I believe in angels, something good in everything I see" sang die Popgruppe ABBA. Die Beschäftigung mit den Engeln bringt uns in Kunst, Literatur und Religion zu vertiefter Begegnung mit dem Guten, Wahren und Schönen auf unserer Suche nach Liebe und Sinn. Die Engel ermöglichen uns die Entfaltung von Gefühl und Leichtigkeit. Sie ebnen den Weg zum Heiligen und führen zum Gottessohn. Sie harren aus bei Krippe und Kreuz. Sie gehen voran, sie begleiten, sie halten überlegene Wache (K. Barth). Wir können von ihnen lernen: das Singen und das Tanzen, die Leichtigkeit des Seins. Deshalb können Engel fliegen: Sie nehmen sich leicht. Sie öffnen uns Augen, Ohren und Herz. Sie lenken von außen nach innen und bringen das Leben wieder in Fluss.

Sie verschwinden hinter ihrem Auftrag: Engel ist kein Wesen, sondern eine Aufgabe (Augustinus). Sie dienen Gott, den Menschen, der Sache und darin dem Guten. So können auch wir sein, wenn wir unsere Schritte engelwärts lenken: hilfreiche Boten der fürsorglichen Liebe Gottes. Es gibt „Engeldienste" besonders im Umkreis von Geburt, Krankheit und Tod: „Es müssen nicht Männer mit Flügeln sein, die Engel... Oft sind sie alt und hässlich und klein, die Engel ... Vielleicht ist einer, der gibt dir die Hand oder er wohnt neben dir, Wand an Wand, der Engel. Dem Hungernden hat er das Brot gebracht, der Engel. Dem Kranken hat er das Bett gemacht, er hört, wenn du ihn rufst, in der Nacht, der Engel ..." (R. O. Wiemer). „Wenn es soweit sein wird mit mir, brauche ich den Engel in dir" (F. K. Barth). „Wirst du für mich, werd ich für dich der Engel sein?" (W. Willms).

Die Beschäftigung mit den Engeln ist die Einladung, unsere Gottebenbildlichkeit in dem Menschen wiederzuentdecken, dem alle Engel dienen.

Wüste, Wasser und Engel

Losung und Lehrtext für den 29. September, den Tag des Erzengels Michael und aller Engel, verbinden Wüste, Wasser und Engel auf merkwürdige Weise. Während in Lauenburg/Elbe die Menschen mit den Wasserfluten kämpften und vielfältige Hilfe durch Soldaten und freiwillige Helfer erfuhren, dörrte die Erde in der Umgebung von Vilnius durch andauernde Trockenheit immer mehr aus. Waldbrände fraßen sich auch in den Torfboden und verbreiteten beißenden Rauch. „Was die einen an Wasser zu viel haben, das haben die anderen zu wenig“, so sprachen wir miteinander bei unserer Besuchsreise durch Litauen.

Wir müssen die Naturereignisse so nehmen, wie sie kommen. Wir werden aber auch hingewiesen auf die problematischen Eingriffe des Menschen. Wasser und Feuer sind elementare Kräfte, die wir nur bedingt aufhalten können. Wir müssen mit ihnen rechnen, ihnen Raum geben, unsere Lebensweise darauf einstellen. In all dem Ringen mit den Kräften der Schöpfung wird auch sichtbar, zu welcher Gemeinschaft und Solidarität die Menschen fähig sind. Sie geben aufeinander acht, sie helfen sich gegenseitig. Es ist, als ob auch uns ein „Engel vom Himmel“ stärkte bei unserem Bemühen, Katastrophen abzuwenden und verträgliche Lösungen für die aufgetretenen Schäden und Probleme zu finden.

Den 1. September als weltweiten Schöpfungstag entdecken mit allen Menschen guten Willens, die Erinnerung an einen Kriegsbeginn aufnehmend, als eine beständige Verpflichtung zum Frieden. Und den 29. September feiern mit der ganzen Christenheit auf Erden als den Tag des Erzengels Michael und aller Engel in dem Bewusstsein, dass wir auf helfende und stärkende Kräfte angewiesen sind. Verstehen, dass wir nur dann wählen konnten und können, wenn die Grunddaten stimmen – unsere Werte und Überzeugungen, die dem Leben dienen und den Kräften der Schöpfung Raum geben.

Erntedank

Erntedank – Lebensdank

„Danket dem Herrn; denn er ist freundlich, und seine Güte währet ewiglich." So beten wir oft, wenn wir unser tägliches Brot zu uns nehmen. Wir danken damit für die Lebensgrundlagen, die uns auch heute noch in einer technisch veränderten Welt aus dem Wachstum der Pflanzen und der Aufzucht der Tiere zuwachsen. Das Erntedankfest einmal im Jahr erinnert uns an die Gaben Gottes in der Natur, die wir pflegen, vermehren, verändern, um so vielen Menschen auf der Erde die Lebensgrundlagen zu erhalten.

Das Erntedankfest ist uns Anlass, zu danken für die uns anvertrauten Gaben. Es gibt auch Gelegenheit, nachzudenken über menschliche Eingriffe und Übertreibungen, die Gottes gute Gaben gefährden und um eines kurzfristigen Vorteils willen langfristige Schäden verursachen. Danken hat auch mit Denken zu tun und sollte uns zu klugen Anwendern unserer vielfältigen Möglichkeiten machen.

Denn längst sind wir zu Mitschöpfern in Gottes großem Schöpfungswerk geworden – unvernünftige manchmal und an Profit orientierte, aber auch nachdenkliche und Rücksicht nehmende, die mit ihrer Art zu leben, zu arbeiten und zu essen andere und auch sich selbst nicht dauerhaft gefährden wollen.

„Der Mensch lebt nicht vom Brot allein, sondern von einem jeglichen Wort, das durch den Mund Gottes geht." So lesen wir im Matthäus-Evangelium im 4. Kapitel. Erntedank erweitert sich so zum Lebensdank für Begleitung und Bewahrung aus göttlicher Kraft und himmlischem Segen.

Der 107. Psalm erinnert uns daran, wofür wir zu danken haben in unserem Leben.

Danket dem Herrn; denn er ist freundlich,
und seine Güte währet ewiglich.
So sollen sagen, die erlöst sind durch den Herrn,
die er aus den Ländern zusammengebracht hat
von Osten und Westen, von Norden und Süden.
Die irre gingen in der Wüste, auf ungebahntem Wege,
und fanden keine Stadt, in der sie wohnen konnten,
die hungrig und durstig waren
und deren Seele verschmachtete,

die dann zum Herrn riefen in ihrer Not,
und er errettete sie aus ihren Ängsten
und führte sie den richtigen Weg,
dass sie kamen zur Stadt, in der sie wohnen konnten:
Die sollen dem Herrn danken für seine Güte und für seine Wunder,
die er an den Menschenkindern tut,
dass er sättigt die durstige Seele
und die Hungrigen füllt mit Gutem.

Fünfzig Jahre nach Kriegsende feiern wir Erntedank in Schleswig auch unter diesem Vorzeichen: Wir haben herausfinden dürfen aus der Not, Heimat gefunden in einer Stadt und sind mit äußeren Gütern reich beschenkt worden. Es herrscht Friede und Wohlstand unter uns. Wir können fragen nach dem, was uns innerlich anfüllt und satt macht und müssen auch in dieser Hinsicht nicht darben.

Gott schenkt uns sein Wort und Sakrament, Gemeinschaft untereinander und einen Klang, der unsere Seele erreicht. Wir werden begleitet von heilenden Kräften, die uns aufwachsen lassen durch Kindheit und Jugend, die uns Halt und Orientierung geben im Erwachsenenleben und die uns trösten und zuversichtlich werden lassen im Alter. Gott hört nicht auf, Leben zu schenken. Er trägt uns sogar über die Schwelle des Todes in sein Licht.

Erntedank – Lebensdank: Das könnte uns befreien aus ängstlicher Selbstbezogenheit, aus Krisenbewusstsein und Weltuntergangsstimmung. Es ist wahr – wir vergehen. Aber Gott geht mit uns und hält uns. Und er gibt uns die Kraft, empfangene Liebe an andere weiterzugeben. Es gibt noch so viele ungelöste Probleme: Krieg und Vertreibung, Hunger und Elend, Ungerechtigkeit und Ausbeutung. Wir Menschen fügen uns aus Blindheit, Selbstgerechtigkeit und Fanatismus viel Übles zu. Wir kämpfen um unser vermeintliches Recht und nehmen dabei doch Schaden an unserer Seele.

Erntedank – Lebensdank: Das könnte uns frei machen zu einem schenkenden Leben. Christus hat so gelebt unter uns. Er nahm das Brot, dankte und brach's und gab's seinen Jüngern und sprach: „Nehmet hin und esset. Das ist mein Leib, der für euch gegeben wird." Für euch gegeben – so gibt sich uns Gott hin in Schöpfung, Erlösung und Heiligung. Wir nehmen das an und antworten darauf mit unserem Dank.

Erntedank – Lebensdank. Nur im hingebungsvollen Leben entdecken wir das Geheimnis bleibender Liebe.

Wohlgemacht?

Die Ernte dieses Jahres hat unter dem vielen Regen gelitten. Die Bauern mussten Einkommensverluste hinnehmen. Der starke Regen hat im August eine Flutkatastrophe an der Elbe und ihren Nebenflüssen ausgelöst. Viele Häuser und Ortschaften wurden zerstört. Menschenleben sind zu beklagen, der materielle Schaden geht in die Milliarden. Viele Menschen sind erschöpft und verzweifelt. Eine Welle der Hilfsbereitschaft lässt die Deutschen in Ost und West erneut zusammenwachsen. Der Aufbau Ost muss in manchen Gegenden ein zweites Mal angepackt werden. Die Regierenden stehen vor ungewöhnlichen Herausforderungen.

Da begegnet uns dieses altvertraute Bibelwort: Befiehl dem Herrn deine Wege und hoffe auf ihn, er wird's wohlmachen (Psalm 37,5). Wie können wir noch Gottvertrauen aufbringen nach solchen individuellen und nationalen Katastrophen? Ist es nicht eher eine übernatürliche Macht, die uns zu aller erst diesen Schaden verursacht hat? Was heißt da: Gott wird es wohlmachen? Hat er es nicht gerade schlecht gemacht?

Bei näherer Betrachtung entdecken wir, dass die Katastrophe nicht über uns gekommen ist wie ein böses Schicksal. Es gibt Regen und Platzregen und anschwellende Flüsse. Unser kollektives Gedächtnis reicht nicht weit genug zurück zur „sächsischen Sintflut" im 19. Jahrhundert. Wir schieben die Verantwortung von uns für die Erwärmung des Klimas, die Regulierung der Flüsse, die Vernachlässigung der Deiche, die landwirtschaftliche Nutzung der Flussniederungen, die dichte Besiedlung gefährdeter Flussufer. Und dann kommt der Tag, an dem sich das alles miteinander verbindet zu einer brisanten Mischung, die unsere bisherige Vorsorge überfordert und in Frage stellt.

Befiehl dem Herrn deine Wege und hoffe auf ihn, er wird's wohlmachen (Psalm 37,5). Ist das etwa ein Grund, auf die notwendige Sorgfalt menschlicher Planung zu verzichten? Wir merken: Das Bibelwort ist keine Garantie für ein unbeschwertes Leben fern aller Bedrohungen und Gefährdungen. Es ist auch keine Einladung zu sorglosem Stillhalten angesichts der Herausforderungen unserer Zeit. Wir Menschen müssen mit Schlimmem (manchmal auch mit dem Schlimmsten) rechnen, wir müssen Vorsorge treiben und Gefahrenabwehr klug und verantwortlich planen. Wir müssen mit den Kräften der Natur (Wasser, Feuer, Sturm, Schnee und Erdbeben) rechnen und etwas Paradoxes zustande bringen: ihnen Platz geben und sie eindämmen zugleich.

Wenn wir dann an unsere Grenzen kommen, äußerlich und innerlich, wenn die Kräfte der Bewältigung eine Zeitlang nicht zu reichen scheinen, dann brauchen wir jenes

Vertrauen, das uns neue Ressourcen und neue Kräfte erschließt: Befiehl dem Herrn deine Wege und hoffe auf ihn, er wird's wohlmachen (Psalm 37,5). Mitten in die menschliche Anspannung und Überforderung wird die Perspektive der Zeit und die Perspektive der Hilfe gegeben durch ein tröstliches Wort. Wir müssen nicht alles sofort schaffen. Wir dürfen vertrauen, dass es für uns Raum und Zeit gibt zu gestalten, und vor allem: dass es Hilfe von außen gibt, die uns hält und unterstützt, und Hilfe von innen durch ein mutiges und nie verzagendes Herz. Das ist der Sinn dieses Psalmworts, das über dem schwierigen Erntedankfest 2002 steht: Befiehl dem Herrn deine Wege und hoffe auf ihn, er wird's wohlmachen (Psalm 37,5). Möge es tröstlich klingen und auferbauend wirken für die, die sich in diesen Tagen mit aller Kraft mühen, die eingetretenen Schäden zu beseitigen und voller Mut ein neues Leben anzupacken.

Volkstrauertag

Leiden, die nicht ins Gewicht fallen?

An diesem Sonntag, dem Volkstrauertag, denken wir an die Opfer von Gewalt und Krieg, Kinder, Frauen und Männer aller Völker. Wir gedenken der Soldaten, die in den Weltkriegen starben, der Menschen die durch Kriegshandlungen oder danach in Gefangenschaft, als Vertriebene und Flüchtlinge ihr Leben verloren. Wir gedenken derer, die verfolgt und getötet wurden, weil sie einem anderen Volk angehörten, einer anderen „Rasse“ zugerechnet wurden, oder deren Leben wegen einer Krankheit oder Behinderung als „lebensunwert“ bezeichnet wurde. Wir gedenken derer, die ums Leben kamen, weil sie Widerstand leisteten und derer, die den Tod fanden, weil sie an ihrer Überzeugung oder ihrem Glauben festhielten.

In dem Schmerz über vergangenes und gegenwärtiges Unrecht an Leben und Unversehrtheit der Menschen begegnet uns ein unerhörtes Wort des Apostels Paulus: „Ich bin überzeugt, dass die Leiden dieser Zeit nicht ins Gewicht fallen gegenüber der Herrlichkeit, die an uns offenbart werden soll“ (Römer 8,18). Gehört Paulus auch zu den „Wegsehern“ und „Wegdenkern“, die an die Vergangenheit nicht mehr so gern erinnert werden möchten?

Nein, er kennt das tiefe Leiden und ängstliche Harren der Kreatur. Er weiß, dass die ganze Schöpfung bis zu diesem Augenblick mit uns Menschen seufzt und sich ängstigt. Aber er möchte nicht, dass wir in der Finsternis und in den Schatten des Todes versinken. Er richtet unseren Blick auf das Warten und Hoffen der Menschen. Im geduldigen Hoffen und Warten zeigt sich die Kraft einer neuen Existenz.

Damit fängt es an, dass Menschen anderes für möglich halten und dann hingehen und sich einbringen und einmischen. Manchmal gelingt es, die Verhältnisse so zu ändern, dass niemand zum Helden werden muss. Manchmal bleibt nichts anderes übrig, als einen Opfergang zu gehen, um Menschlichkeit zu bewahren. Am Ende kommt es nicht darauf an, das eigene Leben um jeden Preis durchzubringen, sondern sich nicht abbringen zu lassen von unseren tiefsten Überzeugungen. Und dann gibt es eine Verheißung, die stärker ist als Folter und Tod.

Solche Gedanken hat Paulus zu denken gewagt und sie ausgesprochen. Nicht, weil er das Leiden nicht wichtig genug genommen hätte, sondern weil er davon überzeugt war, dass es eine stärkere Kraft gibt als Sünde, Tod und Teufel. Sie trumpft nicht auf, sondern gibt sich hin und verwandelt alle, die ihr begegnen. Es ist die Liebe, die sich nicht unterkriegen lässt. Wie jenes Bekenntnis in die Gewehrläufe des Erschießungskommandos im Warschauer Ghetto: „Höre, Israel, der Herr, unser Gott, ist ein einziger Gott ..." Solcher Glaube, solche Hoffnung lässt sich nicht erschießen. Unsere Trauer um all die Toten wird davon gehalten.

Überkleidet

In den Verletzungen und Abbrüchen unseres Lebens zerbricht eine äußere Schutzhülle, die uns bisher so selbstverständlich umgeben hat. Wir stehen wie nackt da vor den Menschen, sind bis in den tiefsten Kern unserer Person verletzbar und preisgegeben. So könnten wir nicht weiterleben und müssten uns zurückziehen oder gar ganz verkriechen. Gott will aber nicht, dass die Kräfte des Todes über uns siegen. Er zieht uns heraus aus unserer Höhle der Angst, Scham, Verzweiflung und was uns sonst noch zu quälen vermag – ob wir nun selber verletzt wurden oder andere verletzt haben (2. Korinther 5,1-5).

Gott heilt die schmerzenden Wunden quälender Erinnerung, indem er uns ein neues Gewand zum Leben gibt. Es darf wieder gut werden, was böse war und uns zerbrochen hat. Das geschieht nicht auf einmal. Immer wieder brechen die alten Wunden auf – auch die der Trauer über die Verletzungen, die unser Volk anderen Völkern zugefügt und dann auch selber erlitten hat.

Wir dürfen diese Wunden jedes Mal neu verbinden mit einem frischen Verband aus Liebe und Güte, aus Vergebungsbereitschaft und Barmherzigkeit. Gott will uns nicht nackt und bloß in schmerzlicher Verzweiflung, sondern geheilt in unseren Lebenserfahrungen, weil wir überkleidet sind mit seiner Güte.

Totensonntag/Ewigkeitssontag

Leben – ewiges Leben

Was dient dem Leben? So fragen wir uns angesichts der Vergänglichkeit der Welt. In all dem Kommen und Gehen gibt es eine Lebensgrundlage, die uns in der Spur hält auf dem Weg durch die Entscheidungen unseres Lebens. Gott bietet uns diese Orientierung an in seinen lebensdienlichen Weisungen: „Ich gab ihnen meine Gebote und lehrte sie meine Gesetze, durch die der Mensch lebt, der sie hält“ (Hesekiel 20,11). Leben heißt dieser verheißungsvollen Spur zu folgen, Rahmen und Wegweisung zu achten. Wer abweicht oder sich verirrt, riskiert sein Leben. So wussten es die Alten.

Viel Einschränkung ist daraus erwachsen und ängstliches Achtgeben auf gesellschaftliche Normen. Was das Leben fördern sollte, engte es ein und brachte es auch in Gefahr durch Selbstgerechtigkeit oder schnelles Urteil über andere. Was Leben schenken und ihm dienen sollte, wurde Enge, Ängstlichkeit; Norm und Urteil. Wer konnte so leben und frei atmen?

Jesus löste sich von der nur äußerlichen Beachtung und schaute tiefer in das Geheimnis rechtgeleiteten Lebens. Es hat mit dem Herzen zu tun, mit Vertrauen und Gott. Es ist ganz und gar nicht äußerlich gelenkt, sondern innerlich verwurzelt und verankert. Gott schenkt ein Herz, das Liebe leben und Grenzen achten kann, das umkehrt zu lebensdienlichem Verhalten aus Dankbarkeit für gewährte Vergebung. So wandelten sich die Menschen seiner Umgebung, so wurden sie fröhlich und frei, unabhängig von eigenem oder fremdem Urteil und doch nicht ohne Grenze und Maßstab.

Am Ende leuchtete ein Leben auf, dem selbst der Tod nichts mehr anhaben konnte, jenes eherne Gesetz, das noch schlimmer als alle Regeln das Leben der Menschen bestimmte. Tödliche Verhältnisse stiften immer wieder an zu tödlichem Verhalten, erst liebevoll gelebtes Leben befreit zu Vertrauen und Einsicht. Jesus spricht zu Marta: „Ich bin die Auferstehung und das Leben. Wer an mich glaubt, der wird leben, auch wenn er stirbt“ (Johannes 11,25). Das ist zugesagte Ewigkeit am Ort erfahrener Endlichkeit. Und die Zusage ist stärker als die Erfahrung, weil sie das Leben in innerlichster Beziehung hält, auch wenn äußerlich alles zerbricht.

Der alte Weg ist damit nicht abgetan, noch immer beschützen die Gebote das Leben. Aber das neue Vertrauen bewahrt vor allem Missbrauch und Missverständnis und bewahrt noch ganz anders das Leben: ewig in Beziehung zu Gott, der sich nicht einschränken lässt auf ein vergängliches Leben.

Auf Pilgerschaft zum ewigen Leben

Schon die Versuchungsgeschichte (Matthäus 4) lehrt uns: Bibelworte können missbraucht und in falsche Zusammenhänge gebracht werden. „Lasst die Toten ihre Toten begraben“ (Matthäus 8,22) ist keine allgemeine Anweisung Jesu an uns, sondern eine spitze Bemerkung gegenüber einem Einzelnen, der dem ernsthaften Ruf in die Nachfolge mit Ausflüchten begegnete. Die christliche Kirche hat nie übertrieben auf diesen Satz reagiert, sondern schon früh das Begraben der Toten als siebentes Werk der Barmherzigkeit (Matthäus 25) gezählt.

Schließlich wurde der Leichnam Jesu nach dem Kreuzestod auch ins Grab gelegt (Markus 15) und sollte, nachdem der Sabbat vergangen war, liebevoll gesalbt werden (Markus 16). Aber dann war er nicht mehr da, wo sie ihn hingelegt hatten. Das Grab ist Ort der Trauer und Ort neuer Erfahrung. Deshalb lohnt es sich, die eigene Trauer nicht abzukürzen oder ortlos, utopisch, zu machen. Der Name steht auf dem Grabstein, die Lebensdaten, ein Wort oder Symbol der Hoffnung. Der Friedhof um die Kirche herum macht deutlich, dass Lebende und Verstorbene miteinander eine Gemeinschaft in der Gegenwart Gottes bilden (Römer 14,7).

Friedhofskultur und Totengedächtnis wurden freilich im Laufe der Kirchengeschichte auch immer wieder übertrieben. Die Sorge für das Seelenheil der Toten erdrückte die Lebenden – seelisch und finanziell. Daher zog Luther in der Reformation auch hier klare Grenzen: „gegen eine Werkerei für die Toten, um die Lebenden von ihnen zu befreien“ (Sabine Bobert, Jesus-Gebet und neue Mystik, Kiel 2010, S. 429). Lasst die Toten ihre Toten begraben!

Heute hat sich die Situation drastisch geändert: nicht mehr ausufernder Totenkult, sondern zunehmende Entsorgungsmentalität bestimmt unser Leben. In dieser Einstellung spiegelt sich die Kultur unserer Zeit wider: „eine Gesellschaft, deren Credo in Marktgesetzen formuliert ist und die sich von der technischen Neuschöpfung eines zweiten Menschen mehr Gewinn verspricht als von einem zunehmend humanen Umgang mit den Lebenden und ihren natürlichen Grenzen“ (Sabine Bobert).

Für den christlichen Glauben ist der Tod „Ende der Pilgerschaft und Durchgang zum ewigen Leben“. Das ewige Leben ist zwar bereits in unserem irdischen Dasein gegenwärtig, aber noch nicht in seiner ganzen unbedrohten Fülle. Wer glaubt, ist bereits jetzt vom Tod zum Leben hinübergegangen. Deshalb besteht die christliche

Totenliturgie im Wesentlichen aus einer singenden Prozession, die den Verstorbenen von seiner irdischen Bleibe zum himmlischen Jerusalem führt und dabei in der Kirche, die auf halbem Weg zwischen der Erde und dem Himmel liegt, einen Halt einlegt.

Auf dieser ganzen Reise ist der Christ nie alleingelassen: Bei der Abreise begleitet ihn die irdische Gemeinschaft, soweit sie kann, und bei der Ankunft wird er von den Bewohnern des Himmels empfangen – von jenen also, die vor ihm die Überfahrt gemacht haben (von den Heiligen, den Märtyrern, den Patriarchen), sowie von den Abgesandten des Hausherrn (den Engeln) und schließlich vom Hausherrn persönlich. Der Christ geht also, wenn er stirbt, von einer Gemeinschaft zur anderen; und sein „Übergang" wird zum „Pascha Christi", zu seinem „Durchgangsopfer", in Beziehung gesetzt, sei es direkt durch die Lesung der Passion oder öfter auch auf indirekte Weise durch Bezugnahme auf den Auszug und die Befreiung Israels.

Wie sollen wir diesen Trauerweg, der zu neuen Erfahrungen befreiten und gesegneten Lebens führt, gehen ohne Ort, ohne Namen, ohne Verheißung? Es mag ja trösten, dass auch die ins Wasser Gestreuten, die ohne Namen Bestatteten ihren Ort und ihren Namen bei Gott haben. Wir gehen in Wahrheit nicht verloren, auch wenn unsere Bestattungsriten sich verändern. Aber wir Lebenden verlieren durch solche Vorgänge und Ausflüchte die Anschauung über den Wandlungsweg, den unsere Toten uns voraus gehen.

Deshalb gehört das alles zusammen: der Dienst der Aufrichtung bei Kranken, die liebevolle Begleitung der Sterbenden, der sorgfältige Umgang mit den Toten, die hoffnungsfrohe Gestaltung unserer Friedhöfe und Gräber. Martin Luther sagte einmal: „Wir müssen uns vormalen lassen und ins Herz bilden, wenn man uns unter die Erde scharrt, dass es nicht heißen muss gestorben und verdorben, sondern gesät und gepflanzt und dass wir aufgehen und wachsen sollen in einem neuen, unvergänglichen und ungebrechlichen Leben und Wesen. Wir müssen eine neue Sprache lernen, von Tod und Grab zu reden, wenn wir sterben, dass es nicht gestorben heißt, sondern auf den zukünftigen Sommer gesät, und dass der Kirchhof nicht ein Totenhaufen heißt, sondern ein Acker voll Körnlein, nämlich Gottes Körnlein, die jetzt sollen wieder hervorgrünen und wachsen, schöner als ein Mensch begreifen kann. Es geht nicht um eine menschliche, irdische Sprache, sondern eine göttliche und himmlische." (Zitiert nach: Jörg Zink, Die Mitte der Nacht ist der Anfang des Tages. Bilder und Gedanken zu den Grenzen unseres Lebens, Stuttgart: Kreuz ^{11}1986, S. 43).

Vertraute Geschichten

Jakob und Esau

Rebekka wusste es von Anfang an: Die Verheißung lag auf Jakob, dem Zweitgeborenen, nicht auf Esau, der als erster das Licht der Welt erblickt hatte. Aber wie sollte sie dafür den Segen des Alten bekommen? Sie kochte, wie Isaak es gern hatte, und sie kleidete den Jüngeren in das Gewand des Älteren. Ja, sie tarnte seine glatte Haut in das raue Fell des Erwarteten und konnte so den Segen gewinnen – für Gottes lebendigmachende Verheißung, gegen die überkommenen Traditionen der Menschen (1. Mose 27,1-29).

List oder gar Betrug? Manchmal muss sich das Neue in das Gewand des Alten kleiden, um Anerkennung zu finden. Die nackte Wahrheit ist für viele nur schwer zu verkraften. Gottes Liebe kleidet sich deshalb in ungewöhnliche Gewänder, um Aufnahme zu finden bei den Menschen. „Das Wort ward Fleisch und wohnte unter uns ... und die Finsternis hat's nicht ergriffen ... und wir sahen seine Herrlichkeit" (Johannes 1,5.14).

Entscheidungen sind fällig, Mut ist gefragt, neue Wege müssen gegangen werden. Der Preis ist hoch: Jakob flieht, schaut, dient; wird reich, flieht erneut, verträgt sich; rüstet sich, kämpft um seine Identität, versöhnt sich; siedelt sich an, wird gesegnet und kehrt heim. Was für ein Leben! Und am Ende? Beide Söhne begraben den Vater, auch Esau als ein Gesegneter: „Siehe, du wirst wohnen ohne Fettigkeit der Erde und ohne Tau des Himmels von oben her. Von deinem Schwerte wirst du dich nähren, und deinem Bruder sollst du dienen. Aber es wird geschehen, dass du einmal sein Joch von deinem Halse reißen wirst" (1. Mose 27,39-40).

Weniger begabt, aber doch gesegnet und am Ende frei. Es ist nicht leicht, ein Zwilling zu sein, sich messen lassen zu müssen am anderen, um die eigene Identität zu ringen und immer einen Rivalen an der Seite zu haben. Aber am Ende ist Platz für beide, Raum zum Leben mit allem, was sie haben und sind. Und das Wichtigste? Gnade zu finden in den Augen des anderen (1. Mose 32,6)!

Es gibt so viele Geschwister und Zwillinge auf der Welt, die diese Geschichte brauchen: eine Geschichte der „List Gottes", Verheißungen wahr werden zulassen gegen alle gewöhnlichen Bestrebungen der Menschen und Platz darin zu schaffen für Versöhnung und Frieden. Mögen diejenigen sie lesen und verstehen, die einander bekriegen und nach dem Leben trachten, statt unter Gottes Segen das Empfangene zu leben und zu gestalten!

Wüstenwanderung

Als das Volk Israel durch die Wüste zieht, bekommt es auch mit feurigen Schlangen zu tun. Mose bittet für das Volk und richtet eine eherne Schlange auf, damit die Menschen am Leben bleiben (4. Mose 21,4-9).

Schlangen vergiften und heilen, sie bringen Tod und Leben. Man denkt bei dieser Geschichte unwillkürlich an das Symbol der ärztlichen Kunst, den Äskulapstab. Man denkt an die homöopathische Medizin, in der Gleiches durch Gleiches, Gift durch Gift bekämpft wird. Losgelassen und in freier Bahn bringen Schlangen den Tod. Werden sie aber aus ihrem natürlichen Element entfernt, in die Höhe gehoben und beherrscht, so bringen sie Leben. Welche Schlangen, Versuchungen, (Sehn-)Süchte müssen wir emporheben und verwandeln, um geheilt zu werden?

Wir haben auch unsere Wüsten, die nicht enden wollen: Lebenswüsten. Seelische, gesundheitliche, menschliche Wüsten. Sackgassen, Irrwege, Durststrecken der kaputten Beziehung, der Untätigkeit, der Sinnlosigkeit. Und dann reicht es uns. Wir haben keine Lust mehr. Wir glauben, nicht mehr zu können. Wir träumen davon, mit einem Schlag den Knoten zu durchschlagen. Aber meistens gibt es keine einfache Lösung. Oft haben wir keine andere Wahl, als den eingeschlagenen Weg weiterzugehen – in der Hoffnung, doch noch zu lernen, doch noch verwandeln und in die Höhe geläuterten Bewusstseins bringen zu können.

Die Schlangen bleiben: Die Fragen, die Zweifel, die Widersprüche, lassen sich nicht einfach abstellen. Aber durch inneren Kampf und Auseinandersetzung kann die Seele wachsen. Wenn wir uns nicht mehr von den lebendigen Schlangen fixieren ließen, wenn wir den Blick von ihnen lösen und aufblicken könnten – in die Höhe, zu der erledigten, leblosen Schlange, dem kupfernen Abbild überwundener Versuchung, zu göttlicher Kraft, die unser Leben will, unsere Freiheit und unser Wohlergehen!

Jesus wurde versucht und angefochten wie andere Menschen auch, aber er gab nicht nach. Ein zutiefst menschlicher Mensch mit einer ungewöhnlichen Kraft, die Verbindung nach oben nicht abreißen zu lassen. Jesus: hoch aufgerichtet am Kreuz – Sinnbild der Überwindung alles Bösen und Lieblosen. Am Kreuz können wir erblicken, was – uns zum Heil – längst besiegt und überwunden ist.

Mose und Aaron

Bibeltexte, die im Laufe des Kirchenjahres dran sind, haben es in sich. Ob es nun die Lesungen, die Predigttexte oder die Losungen und Lehrtexte sind. Quer zu unserem Alltagsgeschehen, quer zum zeitgeschichtlichen Ablauf, der uns gerade prägt, reden sie von einer anderen Wahrheit, einem anderen Rhythmus. Was zu allen Zeiten vor Gott wichtig ist, kreuzt sich mit unserem aktuellen Erleben.

Da gibt es handfeste Überraschungen, bezeichnendes Zusammentreffen. Ein anderes, ungewöhnliches, treffendes Licht fällt auf das, was wir erleben. Sie wissen, welche Losung und welcher Lehrtext am 2. Juli dran sind, dem Tag der Währungs-, Wirtschafts- und Sozialunion zwischen BRD und DDR:

„Der Herr macht arm und macht reich“ (1. Sam 2,7). „Wem viel gegeben ist, bei dem wird man viel suchen; und wem viel anvertraut ist, von dem wird man um so mehr fordern“ (Lukas 12,48).

Und heute nun, ja die ganze Woche nach dem Sonntag Rogate, der Predigttext dieses Sonntags: die Geschichte vom Goldenen Kalb und der Fürbitte des Mose (2. Mose 32,7-14).

Am Sonntag, in der Woche nach dem Staatsvertrag. Ich habe mich erst gesträubt, diese Warnung und Mahnung aufzunehmen. Aber es ist ja wahr, der Blick auf das Geld könnte zum Tanz um das Goldene Kalb werden.

Ich weiß, Sie wissen, die Geschichte gehört in einen anderen historischen Zusammenhang. Aber Parallelen drängen sich auf: Das Volk verlässt den Pharao, schüttelt Diktatur und Fremdherrschaft ab. Wird auf wunderbare Weise gerettet vor inneren und äußeren Feinden. Es findet den Weg hinaus aus der Sklaverei in eine bessere Zukunft. Aber dann kommen die Anfechtungen und Zweifel.

Als Mose nicht da ist, der, der weiß, wohin der Weg führt und welche Entbehrungen noch warten, da findet sich ein anderer Führer, Aaron, der Bruder, der versteht, wonach den Menschen der Sinn steht, und der nachgibt, der ein Goldenes Kalb bauen lässt, um das die Menschen tanzen und für einen Augenblick ihre Sorgen vergessen.

Es ist eine Zumutung, immer das ferne Ziel vor Augen zu haben. Man braucht auch kurzfristige Ziele, etwas Handfestes, das einen gleich befriedigt, nicht diese Vertröstungen auf später. Aaron versteht das. Aaron beruhigt das Volk und gibt ihm, was es am vordringlichsten wünscht. Mose ist ja nicht da, Gott lässt sich nicht sehen, das Gelobte Land ist in weiter Ferne. Warum nicht feiern und das nehmen, was jetzt da ist und machbar ist?

Gott ist enttäuscht. Die Menschen verraten den Ausgangspunkt. Es war doch Gottes Güte, seine Liebe. Und nun haben sie nur Macht und Geld im Kopf. Er möchte sich am liebsten zurückziehen von diesem unverständigen Volk, ja sie bestrafen und vertilgen.

Mose reagiert nicht so heftig wie Gott. Bestimmt ist er auch enttäuscht. Aber er kennt die Menschen. Er bittet Gott um Verständnis: Lass ab von deinem Zorn. Erinnere dich, was du versprochen und verheißen hast. Lass dich nicht überwältigen von deinem Zorn. Lass dich nicht vom Bösen überwinden, sondern überwinde das Böse mit Gutem.

Dem alttestamentlichen Gott begegnet ein beinahe neutestamentlicher Beter. Beten heißt Gott in den Arm fallen, die an sich verdiente Strafe abwenden, Gutes reden und alles zum Besten kehren, Verständnis zeigen, einen Weg entdecken, Gott vom Zorn zur Barmherzigkeit bringen, das eigene Herz, die eigene Enttäuschung überwinden und, was immer geschieht, Frieden stiften, Unheil abwenden, das jetzt Mögliche machen.

Aaron und Mose – zwei Brüder, die einander brauchen, im Eingehen auf die Menschen, auf Gott, die jeder an ihrem Platz versuchen, das Beste aus der Situation zu machen. Gewiss, Aaron erscheint als Verführer, als Verräter der göttlichen Absicht – aber er ist den Menschen so nah.

Mose ist nahe bei Gott, er braucht vieles nicht, was andere brauchen. Er versteht Gott, sein Ziel mit den Menschen. Aber er setzt sich auch mit Gott auseinander, er nützt die Freundschaft und Nähe aus, um Gottes Zorn in Barmherzigkeit zu wandeln durch sein Gebet, seine Fürbitte. Er bezahlt einen Preis: er sieht das gelobte Land nur von Ferne, darf es aber nicht mehr betreten. Dabei hat er Gott und das Volk so geliebt.

Und Aaron, wie bezahlt Aaron? Aaron bleibt der Priester, ja mit ihm beginnt ein ganzes Priestergeschlecht. Solche, die die Menschen verstehen und sie segnen. Manchmal ist das eine große Gefahr, wie damals. Aber meistens braucht es doch solche Leute. Wir sollten gnädig sein, selbstkritisch, nicht mit Steinen schmeißen, solange wir im Glashaus sitzen. Oft noch werden wir unseren Segen geben zu Feiern und Tänzen, die wir bisher kritisch sehen sollten.

Aber es gibt ja Mose, immer wieder solche Leute wie Mose, die sich zu Gott wenden, die warnen und mahnen, die zornig werden können und das Volk zurechtweisen. Deren wichtigste Beschäftigung es aber ist zu beten. Zu beten für diese halsstarrigen und unvernünftigen Leute, dass sie sich bekehren und wieder auf den rechten Weg kommen. Aber vor allem: dass Gott sich bekehrt, ablässt von seinem Zorn, Gnade vor Recht ergehen lässt.

Mose hat das mit dem Verzicht aufs gelobte Land bezahlt, dieses intensive Beten. Jesus mit seinem ganzen Leben, mit seinem Tod am Kreuz. Wie gut, dass so für uns gelebt und gebetet wird. Amen.

Prophetenworte

Wendungen zum Heil

Am Ansverus-Kreuz in der Nähe von Ratzeburg denken wir alljährlich an das Martyrium des Abtes Ansverus und seiner Gefährten vor über 900 Jahren. Wir erinnern uns auch an die vielen Zeugen und Märtyrer des Glaubens, die sich durch Leid und Tod hindurch nicht haben beirren lassen in ihrem Vertrauen auf Gott. Zornige Gefühle für so überaus zahlreich erlittenes Unrecht im Laufe der Jahrhunderte mögen uns beschleichen – es hat Christen und Nichtchristen betroffen, und was vielleicht am schlimmsten ist: Auch von Christen ist das Martyrium anderen zugemutet worden, vor allem dem jüdischen Volk in den schrecklichen Jahren nationalsozialistischer Herrschaft in Deutschland.

„Seht, da ist euer Gott! Er kommt zur Rache", heißt es beim Propheten Jesaja (Kap. 35, Vers 4). Aber dann wendet sich das Blatt – und das ist ganz wörtlich zu verstehen in meiner Ausgabe der Luther-Bibel: Auf der anderen Seite, auf der liebevollen und barmherzigen Seite Gottes, geht es ganz anders weiter, als wir Menschen es uns in unserer Wut und Empörung vorstellen können. „Gott, der da vergibt, kommt und wird euch helfen": So ist er gekommen in unser Lauenburger Land mit seinem Wort und Sakrament und hat die Wunden der heidnischen Aufstände geheilt in den Jahren, Jahrzehnten und Jahrhunderten nach dem Märtyrertod des Ansverus und seiner Gefährten. Der Ratzeburger Dom konnte gebaut werden und die zahlreichen Kirchen im Lauenburger Land. Durch die Irrungen und Wirrungen weltlicher und kirchlicher Geschichte hindurch sind wir zu ökumenischer Gemeinschaft herangewachsen und bezeugen unseren christlichen Glauben nun gemeinsam vor der Welt, damit die Welt glaube und wir eins werden in Christus. Auch die tiefen Wunden unserer jüngeren Vergangenheit mit den Schrecken des Krieges, der Vertreibung und der Teilung unseres Landes durften heilen durch die Güte Gottes. Wir haben einen Gott, der Überraschungen liebt, Wendungen zum Heil, mit denen wir nicht mehr gerechnet haben. Wie es in unserem Text heißt: „Gott kommt und wird euch helfen: Dann werden die Augen der Blinden aufgetan und die Ohren der Tauben geöffnet werden. Dann werden die Lahmen springen wie ein Hirsch, und die Zunge der Stummen wird frohlocken. Denn es werden Wasser in der Wüste hervorbrechen und Ströme im dürren Lande. Und wo es zuvor trocken gewesen ist, sollen Teiche stehen, und wo es dürre gewesen ist, sollen Brunnquellen sein" (Jesaja 35,4b-7a).

Aus der heidnischen Trockenheit und Dürre dieses Landes hat Gott eine blühende Landschaft gemacht, die aus den Quellen des christlichen Glaubens schöpft. Wir dürfen nicht zulassen, dass dieses Blühen und Gedeihen wieder in die Dürre menschenfeindlicher Umtriebe zurückfällt. Wir sollten uns gegenseitig versprechen, einzutreten für Menschenfreundlichkeit, und allen rechtsradikalen Umtrieben eine klare Absage erteilen. „Saget den verzagten Herzen: Seid getrost, fürchtet euch nicht!" Wir sind nicht allein in unserem Einsatz für Gerechtigkeit und Frieden: „Seht, da ist euer Gott! Er kommt zur Rache; Gott, der da vergilt, kommt und wird euch helfen."

Auserwählung aushalten

Das ganze Volk Israel wird hier (Jesaja 41,8-14) wie einst Abraham und Jakob von Gott erwählt – das heißt: von ihm geliebt, ergriffen und berufen. Noch ahnt das Volk nicht, was diese Erwählung in der Tiefe bedeutet. Es ist nicht einfach eine ordensmäßige Auszeichnung vor allen anderen Völkern, das „auserwählte Volk" zu sein, wie es hier noch anklingt: Stärkung und Hilfe für die einen, Spott und Untergang für die anderen. Es ist eine Zumutung, in der Nähe des Heiligen zu leben. Gott nimmt sein Volk in Anspruch mit seinem ganzen Leben. Und Israel wird leiden, wie es die Gottesknechtslieder in den folgenden Kapiteln beschreiben. Die Auserwählung führt an eine existentielle Grenze, die das Menschenmögliche zu überschreiten droht. Wer soll das aushalten, darstellen, leben können, was Auserwählung wirklich heißt? Erst als mit Jesus ein Einzelner wie Abraham damals die ganze Berufung auf sich nimmt, wird auch für andere und das Volk diese Berufung und Auserwählung möglich. Jesus geht dafür ans Kreuz, die Erwählung auch noch im Leiden durchzuhalten: „Fürchte dich nicht, ich bin mit dir; weiche nicht, denn ich bin dein Gott. Ich stärke dich, ich helfe dir auch, ich halte dich durch die rechte Hand meiner Gerechtigkeit." Jesus ist in diesem Vertrauen gestorben und ihm nach das jüdische Volk in den Gaskammern. Es ist nicht leicht, zu den Auserwählten zu gehören.

Wir beten: Herr, hilf uns, deinen Namen Jesus = Jehoschua zu verstehen: dass Gott rettet – voller Erbarmen. „Unser Erlöser", das ist von alters her dein Name. Darauf vertrauen wir im Leben und im Sterben.

Rechtsgemeinschaft

Bei der Vorstellung des Gottesknechts (Jesaja 42,1-9) klingt die Taufe Jesu an: „mein Auserwählter, an dem meine Seele Wohlgefallen hat". Ihm wird Gottes Geist gegeben. Seine besondere Aufgabe: das Recht unter die Heiden zu bringen. Er soll nicht zerbrechen, „bis er auf Erden das Recht aufrichte“. Angesichts des schreienden Unrechts in der Welt, besonders in Afrika, Asien und Lateinamerika, aber auch in vielen Ländern Osteuropas, fragen wir uns: Wer wird die Kraft haben, dem Recht Geltung zu verschaffen? Ein Einzelner, eine Staatengemeinschaft, ein Bund befreundeter Länder? Die Krone der deutschen Kaiser im Heiligen Römischen Reich liegt im Museum. Auf ihr war noch zu lesen: „Die Ehre des Königs liebt das Recht“. Ist eine Nachfolge in Sicht? Das zweite Reich nahm Christus aus der Krone und setzte dafür die Germania ein, das dritte trat die Menschenrechte mit Füßen. Dabei sind die Rechtsgrundsätze klar, denen ein berufener Diener Gottes zu folgen hat: „Das geknickte Rohr wird er nicht zerbrechen und den glimmenden Docht wird er nicht auslöschen. In Treue trägt er das Recht hinaus.“ Können wir uns zufrieden geben mit dem Rückzug auf Innerlichkeit und eine aufmerksame Seelsorge in diesem Sinn? Müssen wir nicht auch Politik und Gesellschaft, das Zusammenleben der Völker nach diesen Grundsätzen gestalten? Die Völkergemeinschaft wartet auf Präsidenten, die auf solche Worte ihren Amtseid leisten.

Wir beten: Herr, wir bitten dich: Schenke uns Regierende, die gelernt haben, auf das Recht zu achten und die Geringen zu schonen. Gib ihnen Kraft und Mut, mit ihren Verbündeten für die Wohlfahrt der Menschen einzutreten überall auf der Welt.

Beim Namen gerufen

Irgendwohin zu gehören, ganz angenommen und anerkannt zu sein, das ist wohl einer der heimlichen Wünsche des autonomen und automobilen Menschen zu Beginn des 21. Jahrhunderts. Wohl zu keiner anderen Zeit haben die Menschen zu Recht befürchtet, als bloße Nummer behandelt zu werden. Zu Recht erleben es viele Menschen als Kränkung, wenn sich schon nach kurzer Zeit des Ruhestandes in der alten Firma niemand mehr an ihren Namen erinnert. Der Wunsch, einen Namen zu haben, unverwechselbar zu sein, sein besonderer Mensch zu sein, treibt besonders junge Leute in Extremsportarten oder an exotische Ferienorte, die möglichst noch nicht vom Massentourismus erschlossen worden sind.

In ihre Sehnsucht hinein, irgendwohin zu gehören, wieder einen Namen zu haben, hören die Israeliten dieses Jesaja-Wort (43,1): „Fürchte dich nicht, denn ich habe dich erlöst; ich habe dich bei deinem Namen gerufen; du bist mein!“ Denn die Babylonier haben sie im 6. Jahrhundert vor Christus aus der Heimat verschleppt. In der babylonischen Verbannung fühlen sie sich wie verlassene Kinder ihres Gottes. Israel hat in der Verbannung nur wenige Jahrzehnte gebraucht, um beinahe ganz zu vergessen, wer es eigentlich ist und welchem Gott zu vertrauen sich lohnt. Ein Teil der Verschleppten ist bereit, sich anzupassen an die babylonischen Verhältnisse und die dort herrschenden Sitten und Gebräuche anzunehmen. Aber auch in der Fremde, in der Entwurzelung bleibt Israel nicht allein. Der anscheinend ferne und fremdgewordene Gott lässt wieder von sich hören und bestätigt ganz unerwartet seine Treue zu Israel.

So mag es ein guter kirchlicher Brauch geworden sein, dass dieses Heilswort häufig bei der Taufe eines Kindes zu hören ist. Die Familien, die sich für ihr Neugeborenes die Taufe wünschen, haben oft genug lange nichts mehr von Gott gehört. Inmitten ihres mit Terminen und Verpflichtungen angefüllten Alltags ist ihnen Gott fremd und fern geworden. Der Kontakt ist abgerissen oder wurde nur mühselig aufrechterhalten. Bei der Taufe kommt er, der fremdgewordene Gott, den Menschen wieder ganz nahe und spricht das erlösende Wort. Bedingungslos nimmt er alle Angst hinweg. Er schenkt dem bei seinem Namen Gerufenen Würde. Sein Ruf hebt die Schranke der Fremdheit auf. „Ich habe dich erlöst. Ich habe dich bei deinem Namen gerufen. Du bist mein.“ Gott ruft, und wer ihn hört, der findet auch heute bei ihm Heimat und Nähe und Geborgenheit. Die beruhigende Erfahrung der Eltern eines Neugeborenen, dass Gott den Namen ihres Kindes kennt, gilt allen Menschen, die sein Wort hören können. Es bleibt eine schöne, eine heilende Erfahrung, wenn sich jemand meines Namens erinnert und mich mit meinem Namen ruft. Der Glaube weiß, dass Gott uns ruft, und wer ihn hört, der findet bei ihm Geborgenheit.

Gottes Eingreifen

Erinnerungen an die großen Daten der Heilsgeschichte Gottes: an die Schöpfung der Welt (in der uralten Fassung der Überwindung der Chaosmacht) und den Durchzug durch das Schilfmeer (Jesaja 51,9-16). Gott tut Wunder und tut sie noch heute. Wie damals werden die Geretteten heimkehren mit Freuden und alles Trauern und Seufzen überwinden.

Gott ist Schöpfer der Welt und ihr Retter und Tröster zugleich. Menschen sind sterblich und vergehen. Mögen sich Einzelne oder Gruppen als Bedränger der Menschheit aufspielen, sie haben keine unendliche Macht, sie sind vergänglich wie das Gras. Gott hat ganz andere Kräfte zur Verfügung: Er ist Schöpfer und Beweger, Bewahrer und Neuschöpfer. Er hat seine Macht mitgeteilt seinem Volk: Er hat sein Wort in ihren Mund gelegt und sie unter dem Schatten seiner Hände geborgen. Was für eine liebevolle Geste! Gott begabt sein Volk und schützt es zugleich. In ihm schafft er die Welt neu. Wer Menschen zerstört, zerstört eine Welt. Wer Menschen rettet, rettet die ganze Welt. Ein Geheimnis wird sichtbar: Gott verbindet sich mit den Menschen. Sein Wort, seine schöpferische Kraft steckt in uns! Er wird dafür sorgen, dass die Gefangenen losgegeben werden und die Menschen keinen Mangel an Brot leiden. Denn sie sollen nicht sterben und begraben werden im Unrecht, sondern das Leben und die Fülle haben. Nur wer Gott vergisst, muss sich fürchten vor denen, die Gewalt üben. Wer auf ihn vertraut, wird überwinden und leben im Segen.

Wir beten: So haben sie zu dir gerufen, Gott, als sie bedroht waren: Wach auf! Und du bist gekommen als ihr Tröster. Du hast weggenommen den Grimm der Bedränger, du hast Himmel und Erde neu gemacht um ihretwegen. Denn sie sind dein Volk. Lass uns so wie sie zu dir gehören und dein Volk sein. Ohne Angst vor Bedrängnis, in tiefem Vertrauen zu dir. Amen.

Wir singen: „Tröstet, tröstet“, spricht der Herr ... (EG 15).

Die frohe Botschaft

Jesaja 52,7-12: ein Wort der Ermutigung für alle Predigerinnen und Prediger der heutigen Gottesdienste. Wir sollen uns nicht ärgern über die sonst so leeren und heute so vollen Kirchen. Wir sollen einfach Freudenboten sein: Gutes predigen, Heil verkünden und sagen: Gott ist König!

Wir sollen fröhlich sein und Gott miteinander rühmen. Miteinander! Die Menschen werden spüren, ob wir im Gotteslob mit ihnen verbunden sind. Alle wollen etwas davon mitbekommen, erfahren und sehen. An der Sorgfalt, Echtheit und Tiefe unserer Gottesdienste werden sie ermessen können, worum es uns geht: Gott wird Mensch uns zugute. Gott kommt einfach und überraschend in einem Kind. Alles Machtvolle und Unreine wird abgetan und wir entdecken, was es auf sich hat mit den „Geräten“, in denen wir Gott tragen. Es sind dies: Krippe und Kreuz, das Taufbecken und die Abendmahlsgeräte. Es hat Gott gefallen, sich an diese Elemente zu binden: die menschliche Geburt in einfachsten Verhältnissen, das menschliche Sterben unter Schmerzen und doch nicht verlassen, das Bad der Reinigung und Wiedergeburt, das Brot des Lebens, den Kelch des Heils – Zeichen der Gemeinschaft und des Teilens. Das sind die „Geräte des Herrn“, über die wir nicht so schnell hinwegeilen sollten. Sie brauchen ein Leben lang unsere Zeit und unsere Aufmerksamkeit. In ihnen geht Gott voran auf dem Lebensweg und beschließt ihn – zu unserem Heil.

Wir beten: Wir danken dir, Gott, dass wir dein Heil, deinen Heiland sehen dürfen. Du kommst zu uns als ein Kind. Mit jedem von uns fängst du neu an, denn auch wir dürfen werden wie die neugeborenen Kinder. Du gibst uns Zeichen und Geräte mit auf den Weg, damit wir dich sehen und spüren. Das braucht unser offenes Herz und unsere ausgestreckte Hand. Lass uns dich ergreifen und beherzigen in unserem Leben. Amen.

Wir singen: „Gelobet seist du, Jesu Christ ..." (EG 23).

Die Herrlichkeit Gottes

Wie harmlos klingen eigentlich die Worte, die wir hin und wieder zu Beginn unseres Gottesdienstes als Sündenbekenntnis sprechen – verglichen mit dem verzweifelten Aufschrei der Judäer im Bewusstsein ihrer Schuld! So lesen wir im 59. Kapitel des Jesaja-Buches: „Wir harren auf Licht, doch es ist finster ... Wir tappen wie die, die keine Augen haben, wir tasten im Düstern wie die Toten ... Denn wir sind zu oft von dir abgefallen, und unsere Sünden zeugen gegen uns ..." (Verse 9, 10 und 12).

Diese wenigen eindrucksvollen Sätze sind nur ein kurzer Ausschnitt aus einem tief bewegenden Geständnis. Man möchte allen in Kirchen und Synagogen zurufen: Lest bitte das Ganze! Lest wieder einmal dieses 59. Kapitel bei Jesaja, ehe ihr euch daran macht, den Wochenspruch für den letzten Sonntag nach Epiphanias, der das Leitwort für diese Besinnung darstellt, in euch aufzunehmen.

Seht, wie Gott reagiert, wenn ein Mensch, nein, ein ganzes Volk seine Schuld bereut! Lest diese aufregenden Geschichten Gottes mit seinen Menschen! Wie ein ewiger Wellenschlag wiederholt sich das eine Thema: Der irrende Mensch – der zürnende Gott, der reuige Mensch – der vergebende Gott. Immer ist Gottes Gnade unter seinem Zorn verborgen.

Auf das Eingeständnis der Schuld antwortet Gott hier bei Jesaja mit der Verheißung einer Lichtfülle, die alles Bekannte sprengt – allen Reichtum der Erde, alle Freiheit der Völker, alle Schönheit der Natur. Die Worte „Über dir geht auf der Herr, und seine Herrlichkeit erscheint über dir" sind nur der Auftakt zu einem Feuerwerk göttlicher Gnade, in deren Licht Sonne und Mond verblassen und alle Leiden enden sollen.

Spätestens hier stehen nun aber die Skeptiker auf und fordern Beweise für solche Behauptungen, die schließlich nur ein einfacher Mensch, ein Prophet freilich, verkündet hat.

Wie aber sonst sollte Gott zu uns reden? Hat Jesus etwa im Donnergrollen gesprochen? Eine menschlichere Stimme als seine hat es nie gegeben, und doch war er selber Gottes Wort! Den Propheten legte Gott die Worte in den Mund, dass sie seinen Willen und seine Wunder deuteten. Und wundervoller als in den Jesaja-Schriften ist nirgendwo davon zu lesen, obgleich die „Herrlichkeit des Herrn“ niemand erdenken noch erdichten kann.

Einigen Menschen war es allerdings auch in unserer Zeit vergönnt, eine Spur davon zu erahnen – keinen dichtenden Propheten, eher abenteuernden Technikern, erzogen in der kühlen Luft der Naturwissenschaft. Einer von ihnen rief, als er aus seiner Weltraumkapsel zum ersten Mal unsere bunt glänzende Erde in der Finsternis schweben sah: „Hier muss Gott gewesen sein, ehe er diese Welt erschaffen hat. So, wie ich sie jetzt sehe, muss ER sie gesehen haben ... Sie ist zu schön, um zufällig entstanden zu sein ...“ Dieses Licht ist einem Menschen aufgegangen, der unterwegs war zum Mond, und es ist immerhin ein Funke aus der Herrlichkeit, wenn jemand erkennt, dass alles uns zufällt von Gott.

Ich wünsche Ihnen eine gesegnete Passionszeit, in der Sie etwas von dem großartigen Epiphanias-Licht mit hineinnehmen in die Dunkelheiten menschlich-göttlicher Passion. Es ist ja nicht die Finsternis des Karfreitags, die das letzte Wort behält, sondern das Licht des Ostermorgens – trotz all unserer Schuld und all unseres Versagens. Denn das leuchtet über uns allen: „Über dir geht auf der Herr, und seine Herrlichkeit erscheint über dir“ (Jesaja 60,2).

Demut

Was sollen wir antworten, wenn unsere Kinder und Jugendlichen uns danach fragen, was denn unserem Leben Sinn und Ziel gibt?

Die Antwort könnte eigentlich sehr einfach sein. Sie ist zusammengefasst in dem zeitlos gültigen Satz des Propheten Micha: Es ist dir gesagt, Mensch, was gut ist und was der Herr von dir fordert, nämlich Gottes Wort halten und Liebe üben und demütig sein vor deinem Gott (Micha 6,8). Sie hat etwas zu tun mit „Religion“, der Rückbindung des Menschen an Gott.

Der Schlüssel steckt in dem kleinen Wörtchen „demütig“ – einem Begriff, der heute nicht gerade zu den Modeworten gehört. Denn das Wort „demütig“ klingt altbacken und antiquiert. Doch so unmodern ist es gar nicht! Seinem ursprünglichen Wortsinn nach meint dieses kleine Wort etwas sehr Einfaches: Es bedeutet im Sprachgebrauch der Lutherbibel, sich mit seinem ganzen Engagement, „mit dienendem Herzen“, für das Gute in der Welt einzusetzen, damit sie wieder werden kann, wie sie ursprünglich gemeint war.

Täuschen wir uns nicht! Wir haben diese Haltung bitter nötig im Umgang miteinander, im Verhalten gegenüber Menschen und allen Lebewesen, gegenüber anvertrauten Sachen und Strukturen. Hochrangige Manager und einfache Soldaten stehen jetzt vor Gericht, weil sie es am Einfachsten haben fehlen lassen: an Respekt vor den Menschen und Demut – Mut zu dienen und nicht sich zu bereichern, zu demütigen, zu quälen und zu verspotten.

Christliche Demut könnte heute darin bestehen, nach Gottes Weisungen zu fragen in einer Welt, die weitgehend von egoistischen Interessen bestimmt wird. In der jüdisch-christlichen Tradition sind diese Weisungen klar definiert. Der Prophet Micha umschreibt sie so: Gottes Wort achten und Barmherzigkeit üben gegen jedermann. Das ermöglicht ein Zusammenleben in Gerechtigkeit und Frieden, erst recht, wo es gefährdet ist durch Gewalt und Übermut. Das ist eigentlich nicht schwer zu begreifen – auch in einer globalisierten Welt – und doch schwer zu tun. Darum braucht es couragierte Christinnen und Christen, die mit gutem Beispiel vorangehen. Denn wie heißt es doch in einem bekannten Kernsatz der Pädagogik? Du kannst deinen Kindern predigen, was du willst. Sie machen dir doch alles nach!

Psalmgebete

Bekenntnis und Bitte

Kannte die Krebsärztin Dr. Mechthild Bach diesen Psalm 26? Hat sie ihn gebetet vor ihrem Freitod? Warum hat ihn keiner mit ihr gebetet und so versucht, ihre Selbsttötung zu verhindern? Sie starb im Januar 2011 an einer Überdosis Morphin. „Sie starb an einer Überdosis Justiz", sagen ihre Freunde. Für sie galt nicht die Unschuldsvermutung bis zum Schluss – angeklagt, schwerstkranke Menschen vor der Zeit (welcher Zeit?) in den Tod geschickt zu haben. Ihr wurde der Schuldspruch angekündigt. Sie fühlte sich umgeben von Boshaftigkeit, Rufmord und unbarmherziger Rechthaberei. Sie ist daran zerbrochen. Sie schrieb im Abschiedsbrief an ihre Freunde: „Ich gehe mit ganz reinem Gewissen." Der NDR hat ihr eine beeindruckende Dokumentation gewidmet. Ich höre sie beten, wenn ich den 26. Psalm lese. Aber es hat ihren Suizid nicht verhindert. Ich höre mich beten für sie: „Raffe ihre Seele nicht hin mit den Sündern noch ihr Leben mit den Blutdürstigen, an deren Händen Schandtat klebt und die gern Geschenke annehmen." Ich wünschte, sie wäre diesen Weg in den Tod nicht gegangen. Aber woher sollte sie die Kraft nehmen nach all den Jahren? Hätte ein Berufungsgericht das drohende Urteil je aufgehoben? Hätte sie die Kraft gehabt, im Gefängnis auf Gerechtigkeit zu warten? Die schlechte Nachricht: Ein Suizid fand statt. Dabei wünschte ich, sie lebte und ich dürfte mit ihr Gott loben in den Versammlungen.

Wir beten: Herr, du schenkst Zuflucht in allem, was uns bedrängt, in deinem Wort. Gib uns Raum bei dir, in der Versammlung der Gläubigen, an dem Ort, wo deine Ehre wohnt. Rette uns, wenn wir nicht ein noch aus wissen – auch durch den Tod hindurch. Amen.

Wir singen: „Aus tiefer Not schrei ich zu dir ..." (EG 299).

Errettung aus Bosheit

Was für ein Fortschritt: das Ende der Selbstjustiz! Die eigene Sache wird Gott als Anwalt anvertraut (Psalm 35,1-6). Aber bedeutet das schon ein geordnetes Verfahren? Nein, der Beter schlägt selbst das weitere Prozedere vor: Kämpfen als Antwort auf das Bekämpftwerden, Waffen zur Verteidigung und zum Gegenangriff. Das erinnert fatal an: Auge um Auge, Zahn um Zahn. Ist das Gebet noch zu retten? Ich fürchte: nein. Aber ich fange an, innerlich zu sortieren: aggressiv und unannehmbar auf der einen, um Hilfe rufend und Gott vertrauend auf der anderen Seite. „Führe meine Sache! Mache dich auf, mir zu helfen! Sprich zu mir: Ich bin deine Hilfe!" Das geht doch! Und was auch noch geht: „Sie sollen sich schämen! Sie sollen zurückweichen!" Ein Gebet in äußerster Not mit der Bitte um Gottes Hilfe. Die Bitte „Sprich mit mir!" rührt mich am meisten an. In äußerster Verlassenheit brauchen wir alle einen Ansprechpartner, damit wir nicht verzweifeln und wild um uns schlagen.

Ich lese diese Verse noch einmal in der Erinnerung an das himmelschreiende Unrecht, das die Nationalsozialisten dem jüdischen Volk und anderen Menschen antaten. Jetzt kann ich die Bitten und Aufforderungen besser verstehen: „Der Engel des Herrn stoße sie weg; der Engel des Herrn verfolge sie. Ihr Weg soll finster und schlüpfrig werden; sie sollen werden wie Spreu vor dem Winde!" Wir erinnern uns: Es ist so gekommen. Gott hat diese Gebete erhört. Das jüdische Volk hat nur vereinzelt zu den Waffen gegriffen und im übrigen seine Sache Gott anbefohlen. So lesen wir es auch im Römerbrief: „Die Rache ist mein, spricht der Herr, ich will vergelten!" Was für ein Vertrauen auf Gott angesichts der rücksichtslosen Despoten auch heute noch in dieser friedlosen Welt!

Wir beten: Herr, bewahre uns vor Rachegefühlen, die uns überwältigen und uns selbst ins Unrecht setzen. Hilf, dass wir Dir unsere Sache anvertrauen, der Du uns siehst und hörst, wenn wir in Not sind. Sprich mit uns, dass wir Dich spüren und Deiner Macht vertrauen. Amen.

Wir singen: „Herr, der du vormals hast dein Land …" (EG 283).

Zuflucht unter seinen Flügeln

„In wieviel Not hat nicht der gnädige Gott über dir Flügel gebreitet!" Die Zusagen dieses 91. Psalms haben Menschen getröstet in vielfältiger Not. Gott bietet einen Raum der Zuflucht, der Zuversicht und Stärke – seine Wahrheit ist Schirm und Schild. Boas hat sich davon bestimmen lassen, als er der Moabiterin Rut Gottes Schutz zusicherte (Rut 2,12). Jesus hat freilich verstanden, dass solche Verheißung auch verführerisch sein kann: „Er hat seinen Engeln befohlen, dass sie dich behüten auf allen deinen Wegen." Er macht auf dem Absatz kehrt, als der Teufel ihm diese Worte einflüstert und wirft sich nicht in die Arme der Engel (Matthäus 4,5-7). Wir sollten es ihm nachtun, wenn teuflische Versuchung uns Engelarme vorgaukelt in Alkohol, Drogen und anderen Regressionen. Auch als „Schlangenzertreter" sollten wir uns nicht hervortun wollen – es sei denn, wir maßten uns die Fähigkeiten des Christus oder seines Heiligen Georg an. Uns bleibt das einfache Tun der frommen Christen: Gott beim Namen kennen, ihn anrufen und ihn lieben. Daraufhin ist uns die Erfahrung des Heils verheißen: Gebetserhörung, Rettung aus Not und Gefahr, langes Leben und endlich von Gott zu Ehren gebracht und angenommen zu werden. Die Musik von Mendelssohn Bartholdy klingt wie ein Angeld darauf.

Wir beten: Bewahre uns vor den Versuchungen des Alltags: dass wir uns hineinstürzen in zu viel Arbeit, Genuss, Vergnügen. Lass uns nüchtern bleiben im Kampf gegen die Mächte der Finsternis. Lass uns deinen Schutz spüren, mit dem du uns täglich umgibst. Amen.

Wir singen: „Bewahre uns, Gott ..." (EG 171).

Gott ist gegenwärtig

Vom Kirchenvater Augustinus stammt die Einsicht, dass es nur eine Zeit gibt: Gegenwart. Die Gegenwart der Vergangenheit ist Erinnerung, die Gegenwart der Gegenwart Aufmerksamkeit, die Gegenwart der Zukunft Erwartung. Am Altjahrsabend gehen unsere Gedanken zurück in das vergangene Jahr. Wir erinnern uns an viel Bewahrung und Hilfe in schwierigen Situationen; wir sind dankbar und erfüllt von diesem Augenblick der Andacht und Besinnung; wir gehen mit bestimmten Hoffnungen und Erwartungen in das kommende Jahr. Gott wird da sein mit seiner tröstenden und befreienden Gegenwart, wie er es immer war. Im „Deutschen Requiem" von Johannes Brahms ist in bewegende Töne gebracht, wie zerbrechlich und vergänglich des Menschen Schicksal auf Erden ist. Aber seiner nimmt sich der Vater im Himmel an: Er vergibt Sünden, er heilt Gebrechen, er übt Gnade und Barmherzigkeit, er macht wieder jung und fröhlich. Er bleibt nicht ferne von uns, sondern wendet sich uns zu. All unsere Gedanken über diesen Text, unsere Zusammenfassungen und Betonungen können aber den kostbaren Wortlaut der Luther-Übersetzung des 103. Psalms nicht ersetzen. So bleibt uns nur, diese Zeilen immer wieder laut vor uns hinzusagen und durch wiederholtes Lesen und Sprechen den Vers zu finden, der uns in dieser Stunde besonders wichtig ist: „Er handelt nicht mit uns nach unsern Sünden und vergilt uns nicht nach unsrer Missetat." Vielleicht ist es eher ein anderer Vers als gerade dieser, der Sie am heutigen Altjahrsabend besonders bewegt. Und vielleicht entdecken Sie darin die wunderbare Kraft dieser Psalmworte, die uns im Innern verwandeln wollen: „... dass man höre auf die Stimme seines Wortes!" In seiner zweiten Vorrede auf den Psalter 1528 nennt Luther den Psalter eine kleine Bibel, ihre schönste Zusammenfassung. Der 103. Psalm leuchtet darin wie ein Kleinod.

Wir beten:

Du hast uns Worte geschenkt, die uns verwandeln. Aus fernen Zeiten dringen sie zu uns und werden täglich neu. Sie sprechen von deiner Gnade und Liebe. Lass uns dankbar sein für solche Worte. Amen.

Rettung aus Todesgefahr

Quasimodogeniti – wie neu geboren. Der Beter des 116. Psalms weiß, wem er diese Erfahrung zu verdanken hat: Gott hat seine Seele vom Tode errettet, sein Auge von den Tränen, seinen Fuß vom Gleiten. Er darf nun wieder wandeln vor dem Herrn im Lande der Lebendigen.

Eindrucksvoll die Worte, mit denen die Erinnerung an Todesgefahr wieder lebendig wird: Stricke des Todes hatten mich umfangen, des Totenreichs Schrecken hatten mich getroffen, ich kam in Jammer und Not.

Aber der Beter versinkt darin nicht, er kommt darin nicht um. Er weiß, an wen er sich wenden kann in seiner Not. Er ruft, er fleht. Und er macht die Erfahrung: Gott hört, Gott wendet sich zu. Gott ist gnädig, gerecht und barmherzig. Wenn einer schwach ist, so hilft er.

Er findet wieder zurück zur inneren Ruhe und zu großer Glaubensgewissheit: Der Herr tut dir Gutes (Psam 116,7). Und er kleidet all das, was er erfahren hat an göttlicher Zuneigung und Hilfe in ein Bekenntnis: Ich liebe den Herrn, denn er hört ... (Psalm 116,1). Gott ist nicht taub und stumm wie die Götzen (Psalm 115,4-7); Gott ist Hilfe und Schild (Psalm 115,9-11).

Wir beten: Herr, ich danke dir für die wunderbare Erfahrung deiner Güte und Gerechtigkeit. Du hörst die Stimme des Elenden, du neigst dein Ohr – du behütest und hilfst. Dafür liebe ich dich. Dafür lobe ich dich mein Leben lang, dass meine Seele wieder Frieden gefunden hat bei dir. Amen.

Wir singen: „Mon âme se repose ...“ (Lied aus Taizé).

Hoffen auf Gottes Wort

Im güldenen ABC des 119. Psalms beginnen die Verse 73-80 mit einem *Jod*. Dieser hebräische Buchstabe bedeutet *Hand* und *Zehn*. Geboren wird das *Jod*, das zehnte, das kleinste, fast unsichtbare Zeichen, wie ein neugeborenes Kind: *Jod* ist der Tropfen vom Anfang, der Anfang jedes Buchstabens (Friedrich Weinreb).

Dem entspricht: „Deine Hand hat mich gemacht und bereitet.“ Aber wozu sind wir gemacht? Dass wir Gott über alles fürchten, lieben und vertrauen (Luther), dass wir Gottes Gebote lernen und hoffen allein auf sein Wort.

Aber wie geht es uns damit? Wir werden gedemütigt, damit wir uns nicht von Gott lossagen oder uns über ihn erheben. Es geschieht aus Gottes Treue, dass wir uns wieder entdecken als seine Knechte und Mägde und darin Trost finden. Wir sollen nicht stolz und hochmütig werden, nicht andere mit Lügen niederdrücken. Wir sollen uns genügen lassen an seiner Gnade: „Lass mir deine Barmherzigkeit widerfahren, dass ich lebe, denn ich habe Freude an deinem Gesetz.“

Die Herrlichkeit des Wortes Gottes ist unsere Lebensordnung. Darin sind wir nicht allein, sondern erfahren Gemeinschaft: Wir werden wahrgenommen und gesehen, Menschen halten zu uns und freuen sich. Und so werden wir lebendig gehalten in der Gemeinde Gottes: „Mein Herz bleibe rechtschaffen in deinen Geboten, damit ich nicht zuschanden werde.“

Das Wort *Jod* selber bedeutet *Hand:* Grundlage und Mysteriums unseres Handelns. In ihm wohnt das Geheimnis von Gottes Namen! Wer sich an sein Wort hält, ist und bleibt Gottes Kind.

Wir beten: Ich danke dir, Herr, dass ich zu dir und deiner Gemeinde gehören darf. Mitten in einer wüsten und zerstrittenen Welt gibt es einen Ort der Freude und Gemeinschaft. Gehalten von deinem Wort, wieder zurechtgebracht nach Zeiten der Not und Verirrung, lebe ich mein Leben. Ich nehme es als Geschenk aus deiner Hand. Lass meine Hände dir dienen.

Wir singen: „Ich singe dir mit Herz und Mund ...“ (EG 324).

Gesegneter Hausstand

Was ist Glück? Wie leben wir im Frieden? Der Psalmist weiß, was wir brauchen: Arbeit, Weib und Kind – Belohnung für Rechtschaffenheit und Gottesfurcht: Psalm 128. Der Gegentext: Alexis Sorbas antwortet bei Nikos Kazantzakis auf die Frage „Bist Du verheiratet?“: „Bin ich nicht ein Mann? Und ist ein Mann nicht immer ein Dummkopf? Ich bin ein Mann. Also bin ich verheiratet. Weib, Kinder, Haus und so weiter. Eine schwere Katastrophe.“

Glück oder Katastrophe – in dieser Spannung leben wir mit unseren verschiedenen Lebensentwürfen. Was der einen Person erstrebenswert erscheint, findet die andere lächerlich. Wie sollen wir uns da verständigen über unser Leben? Wir haben gelernt, einander gelten zu lassen und nicht in bestimmte Normen zu pressen. Auch sind wir vorsichtiger geworden mit dem Glück gelungenen Lebens. Vieles misslingt, scheitert, bricht ab, lässt sich nicht vervollkommnen. Wir sind bereit, Fragmente zu akzeptieren und mitten darin Sinn zu entdecken.

Friede über Israel? Auch das scheint bis auf den heutigen Tag unerreichbar zu sein. Aber sollen wir deshalb das Hoffen aufgeben? Der Friede über Israel beginnt mit einem liebevoll zu Ende gelebten Leben, das äußerlich scheitert und innerlich eine große Verwandlung bewirkt: Er hatte keine Gestalt und Schönheit, er hatte nicht Frau und Kinder. Er hatte viel Arbeit, und seine Nachfolgerinnen und Nachfolger versammeln sich regelmäßig um den Tisch: Quasimodogeniti. Er war selber Weg und Brot, Weinstock und Ölzweig: ein Segen von Zion her. Glück also nicht im Haben, sondern im Sein.

Wir beten: Lass uns in der Idylle des Psalms die Sehnsucht spüren, unser Leben sinnvoll zu verbringen in Gemeinschaft und Liebe. Öffne uns für verschiedene Lebensentwürfe. Hilf uns, dem Sein mehr zu vertrauen als dem Haben. Amen.

Wir singen: „Liebe, die du mich zum Bilde ...“ (EG 401).

Vom Priestertum aller Gläubigen

Vergebung ist allein Gottes Sache, so lesen wir im Spruch der Woche (Psalm 130,4). Damit wird das tiefsitzende Problem der Handlungsvollmacht berührt. Früher war es klar: Das ist allein Gottes Privileg. Allenfalls der Hohepriester durfte am Versöhnungstag einen Ritus der Entsühnung des Volkes vollziehen (3. Mose 23,26-32).

Wir wissen, welche Empörung es gab, als Jesus die Vollmacht der Sündenvergebung für sich selber in Anspruch nahm (Markus 2,7). Das Aufstehen des Gelähmten war ihm wichtiger als der Aufstand der Frommen.

Jesus hat diese erstaunliche Vollmacht an seine Jünger weitergegeben (Johannes 20,23) und damit das Priesteramt in der Kirche begründet. Seitdem ist die Sündenvergebung neben der Verkündigung des Evangeliums und der Darreichung der Sakramente (ja vielmehr: durch die Verkündigung des Evangeliums und die Darreichung der Sakramente) die wichtigste Aufgabe der Kirche.

Luther schreibt dazu im Großen Katechismus: „Alles in der Christenheit ist dazu bestimmt, dass man da täglich durch Wort und Zeichen lauter Vergebung der Sünden hole, um unser Gewissen zu trösten und aufzurichten, solange wir hier leben. So macht es der Heilige Geist, dass, obgleich wir Sünde haben, sie uns doch nicht schaden kann. Denn wir leben in der Christenheit, in der lauter Vergebung der Sünden ist, in dem doppelten Sinn, dass uns Gott vergibt, und dass wir uns untereinander vergeben, tragen und aufhelfen" (Unser Glaube 747).

Das Priestertum aller Gläubigen hat diesen Dienst der Tröstung und Aufrichtung zum Inhalt: „... und vergib uns unsere Schuld, wie auch wir vergeben unsern Schuldigern." Es geht nicht um den Aufstand oder die Selbstbehauptung der Laien gegen die Ordinierten. Sondern um die gemeinsame Aufgabe, dass Schwache, Leidende, Gelähmte wieder aufstehen können – frei von Schuld. Und darum, dass die Botschaft des Evangeliums erklingt – in allen Landen und unter allen Umständen.

Weisheit

Der wiedergefundene Glaube

1. „Alles hat seine Zeit ...“ (Prediger 3,1-8). Auch: Glauben hat seine Zeit, den Glauben verlieren hat seine Zeit, den Glauben wiederfinden hat seine Zeit.

Was ist, wenn wir ihn gerade verloren haben und sollen ihn weitergeben an andere?

Wenn wir als Erwachsene uns (unter Schmerzen) vom Gott unserer Kindheit getrennt haben und sollen ihn nun weitergeben an Kinder?

Alles hat seine Zeit – und manchmal ist es schwer, zwei Dinge auf einmal zu tun.

2. Es gibt eine Zeit, da bedeuten uns Engel sehr viel: „Er hat seinen Engeln befohlen über dir, dass sie dich behüten auf allen deinen Wegen“ (Psalm 91,11).

Engel sind innere Mütter, die einen beschützen, wenn die Mutter einmal nicht da ist: nachts, in Gefahr, wenn wir allein sind.

Jedes Kind braucht Vertrauen, braucht einen Schutzengel, eine innere Mutter. Schönster Ausdruck: „Abendsegen“ von Adelheid Wette aus der Märchenoper „Hänsel und Gretel“ von Engelbert Humperdinck:

Abends wenn ich schlafen geh,
vierzehn Engel um mich stehn:
zwei zu meinen Häupten,
zwei zu meinen Füßen,
zwei zu meiner Rechten,
zwei zu meiner Linken,
zweie, die mich decken,
zweie, die mich wecken,
zweie, die mich weisen,
zu Himmels Paradeisen!

3. Es kommt eine Zeit, da bedeuten Engel eine große Versuchung für uns: siehe die Versuchungsgeschichte Jesu (Matth. 4). Wir können nicht auf ewig Kinder bleiben. Es ist nötig, dass wir uns von der Mutter (dem Vater, einem kindlichen Glauben) lösen und erwachsene Menschen werden.

Wie sollen wir Kindern von Engeln erzählen, wenn wir selbst gerade dabei sind, uns von ihnen zu lösen? Alles hat seine Zeit ...

4. Es gibt so etwas wie die Wiederentdeckung des Symbols, das Zurückfinden zum Glauben auf einer anderen Stufe.

Jesus in Gethsemane: Es erschien ihm aber ein Engel vom Himmel und stärkte ihn (Lukas 22,43). „Man kann sagen, dass in jedem Gebet ein Engel auf uns wartet, weil jedes Gebet den Betenden verändert, ihn stärkt, indem es ihn sammelt und zu der äußersten Aufmerksamkeit bringt, die im Leiden uns abgezwungen wird und die wir im Lieben selber geben“ (D. Sölle, Leiden 109)

Wiederentdeckung des Symbols, des Glaubens, durch Leiden, durch Liebe. Alles hat seine Zeit ...

5. Welche Zeit ist jetzt für mich? Was bedeutet das für meinen Umgang mit Kindern?

Gott

Leidenschaft für den Menschen

Das Wort „Passion“ begegnet uns auch in der Umgangssprache. Es geht dabei um Liebe und Leidenschaft. Wir kennen das z.B. von bestimmten Hobbies der Menschen: Da gibt es passionierte Angler und Bergsteiger, passionierte Segler und Briefmarkensammler. Das sind alles Leute, die sich für eine bestimmte Sache oder einen Sport begeistern können und leidenschaftlich für ihr Hobby eingenommen sind. Viel Zeit, Kraft und Geld geht in solche Leidenschaften und Passionen. In der Regel gönnen wir sie einander. Niemand käme auf die Idee, sich darüber aufzuregen oder sie dem anderen auszureden.

Solche Leidenschaft, solch eine Passion hat auch Gott. Es ist der Mensch, den er mit seiner ganzen Liebe sucht und für sich zu gewinnen trachtet.

Gott hat den Menschen geschaffen, aber ihn sogleich ganz freigegeben in der Hoffnung, er könnte Liebe mit Liebe beantworten. Das ist unsere erste Erkenntnis hinsichtlich der Leidenschaft Gottes für den Menschen: Er lässt ihn frei, er zwingt ihn nicht. Er wartet auf Antwort.

Gott hat lange und immer wieder auch vergeblich auf die Antwort des Menschen gewartet. Da ist er ihm nachgegangen mit seinem Wort, hat ihn umworben, bedrängt, heimgesucht. Das ist das zweite, was wir über Gottes Leidenschaft für den Menschen lernen können: Er lässt ihn nicht einfach links liegen, er geht ihm nach – auch wenn das wieder mit manchen Enttäuschungen verbunden ist. So ist das nun mal mit der Leidenschaft: Sie gibt frei und sie geht nach.

Zuletzt hat Gott in seiner Leidenschaft und in seiner Liebe für den Menschen ein äußerstes gewagt: Er ist selber Mensch geworden in seinem Sohn Jesus Christus. Er teilt das Schicksal der Menschen, leidet und ängstigt sich mit ihnen, ja nimmt ihren Tod und ihre ganze Verzweiflung auf sich. Und das ist nun das dritte, was wir bei Gottes Leidenschaft für den Menschen beachten müssen: Es ist eine hingebungsvolle Leidenschaft, die aus lauter Liebe nicht mehr auf sich selber achtet, sondern sich ganz gibt.

Gott hat eine leidenschaftliche Liebe für den Menschen: Er gibt ihn frei, er geht ihm nach, er gibt sich ihm ganz hin. Gott: ein wahrhaft passionierter Liebhaber des Lebens, besonders des Menschen.

Zorn und Liebe

Diese Texte vom Einnehmen, Ausrotten, Dahingeben und Vertilgen (Deuteronomium 7,1-11) kann ich nur hören mit der tiefen Einsicht von Huub Osterhuis:

„Anfänglich ist Gott ebenso rachsüchtig, militant und gespenstisch wie alle Götter der Menschen. Er ist ein strafender, rachsüchtiger und anspruchsvoller Gott, aber gemeinsam mit Israel entwickelt er sich im Laufe der Geschichte, er wächst, ändert sich und wird menschlicher."

Gott entwickelt sich – das ist die befreiende Botschaft, die ich im Blick auf beide Testamente vernehme. Und der Mensch? Hat der sich etwa auch schon geändert oder reißt er noch immer ein, zerbricht, haut ab, verbrennt, schließt keinen Bund und übt keine Gnade? Es wäre schrecklich, wenn wir nicht wenigstens das von Gott lernen könnten: endlich Mensch zu werden mit menschlichem Antlitz, voller Gnade und Barmherzigkeit.

Er hat uns schließlich auch angenommen und erwählt – nicht wegen unserer Größe, sondern weil er uns liebt. Wir dürfen dazu gehören, auch wenn wir nicht aus dem Volk Israel stammen. In Christus gibt es Gemeinschaft untereinander, Verschwägerung, Bündnis, Gnade. Wir kommen aus den verhassten Heiden, die gelernt haben, die Gebote und Gesetze und Rechte zu halten, die Gott uns heute gebietet, dass wir danach tun.

Israel hat den Völkern die Tora gebracht und den Christus. Wir sind zivilisierter seither, auch wenn es immer wieder schreckliche Rückfälle gab, in denen wir meinten, den Bann vollziehen zu dürfen. Welche große Schuld haben wir damit auf uns geladen, wie viel Verzeihung haben wir erfahren und immer wieder nötig!

Wir beten: Herr, wir bitten dich: Mach ein Ende mit den gnadenlosen Konflikten unter uns Menschen. Hilf uns heraus aus Krieg, Zerstörung und Gewalttat. Lass uns verstehen, wie sehr wir uns wandeln müssen, damit wir lernen, gewaltfrei miteinander umzugehen. Lass uns auf dich blicken, der du dich den ideologischen Interessen entzogen hast und darin wirklich ganz Mensch geworden bist. Amen.

Wir singen: „Such, wer da will, ein ander Ziel ..." (EG 346).

Verheißung des Segens

Gott ist in der Mitte, der große und schreckliche Gott: der Gott, der liebt, segnet und mehrt; der vertilgt, umbringt und Böses auferlegt (Deuteronomium 7,12-26). Das Volk Gottes ist auch hier noch nicht so weit, anders und menschlicher von Gott zu reden, als die eigenen Gefühle der Angst und Unterlegenheit es einem eingeben. Ekel und Abscheu bestimmen das Lob des lebendigen Gottes, der unsere ernste und aufrichtige Anbetung will.

Wir sollen uns nicht mit den Götzen gemein machen und denen, die ihnen dienen – das ist richtig und notwendig. Aber muss es mit dieser angstgesteuerten Attitüde geschehen? Tersteegen dichtet anders:

Gott ist gegenwärtig, lasset uns anbeten
und in Ehrfurcht vor ihn treten.
Gott ist in der Mitten. Alles in uns schweige
und sich innigst vor ihm beuge.
Wer ihn kennt, wer ihn nennt, schlag die Augen nieder;
kommt, ergebt euch wieder.

Es ist wichtig wahrzunehmen, auf welchen Ton eine Botschaft gestimmt ist, mit welchem Akkord sie endet. Ob Leben das Leitwort ist oder Bann – Ekel und Abscheu oder Liebe und Hingabe.

Jesus hat an diesen Misstönen und Disharmonien der Frommen gearbeitet und dafür sein Leben gegeben, damit nicht Rechthaberei und Feuer und Schwefel siegt, sondern dienende Liebe. Er ist es, der uns gelehrt hat, den liebenden Vater in allem zu sehen, der Gnade und Barmherzigkeit walten lässt über denen, die sündigen und sich von ihm abwenden. Wir müssen nicht an seiner Stelle das Gericht und den Bann vollziehen, wir dürfen es Gott und seinem Sohn Jesus Christus getrost überlassen, der für uns alle am Kreuz gestorben ist. Wir können aufhören, das Gottesgericht zu vollziehen, weil Gott es selbst schon getan hat auf seine überraschenden Weise: liebend und segnend und mehrend.

Wir beten: Herr, mache mich frei von allem Götzendienst, frei von aller falschen Rücksichtnahme auf Machtinteressen von Menschen. Lass mich frei blicken auf deine Gnade und Barmherzigkeit. Überwinde meine Ängste und Unsicherheiten, schenke mir die Klarheit deiner Liebe. So kann ich bei dir bleiben und auf dich vertrauen in allem, was zu tun ist. Amen.

Wir singen: „Herzlich lieb hab ich dich, o Herr …“ (EG 397).

Erziehung zur Dankbarkeit

Da kommt es nun – das Hauptwort, um das sich alles dreht: Leben (Deuteronomium 8,1-20). Und es gehört zusammen mit Demut und der tiefen Einsicht, die Jesus später noch einmal hervorkehrt: „dass der Mensch nicht lebt vom Brot allein, sondern von allem, was aus dem Mund des HERRN geht." Es ist schon erstaunlich, welche Worte der Bibel Jesus in bestimmten Situationen einfallen, was er betont und hervorhebt, was er weglässt und was er korrigiert. Er hat am besten verstanden, worauf es ankommt, nämlich Gott zu lieben und seinen Nächsten wie sich selbst.

Gott erzieht uns, wie ein Mann seinen Sohn erzieht, heißt es hier. Luther sagt später: *„Darum auferlegt er seinen Kindern Leid, Sünde und Tod, damit er ja viel zu sehen hätte in die Tiefe, vielen helfen, viel wirken, sich als einen rechten Schöpfer erzeigen und damit sich so bekannt machen könnte, dass man ihn liebt und lobt."*

Wir sollen ihm danken, für alles, was er an uns getan hat (Vers 10). Wir sollen uns nicht überheben und meinen, unsere Kräfte und Hände hätten den Wohlstand herbeigeführt, der uns umgibt. Ob wir immer genug gedankt haben oder eher stolz waren auf unsere eigene Leistung?

Und wir sollen nicht vergessen, dass wir all das auch wieder verlieren können, wenn wir den falschen Göttern und Götzen hinterherlaufen. Gott lässt sich nicht spotten. Er wird uns all unseren Wohlstand und unser Wohlergehen nehmen, wenn wir ihn vergessen und dem Falschen hinterherlaufen.

Ein Ernst wird sichtbar am Ende, den wir doch lieber nicht übertönen wollen durch allzu große Heilsgewissheit oder das Gefühl der Unverwundbarkeit und Unbesiegbarkeit. Wir werden scheitern, wenn wir Gott nicht gehorsam sind. Auch das ist die Botschaft des Evangeliums: klar und unmissverständlich.

Wir beten: Herr, lass mich dein sein und bleiben in allem, was geschieht. Lehre mich, dankbar zu sein für die großen Gaben, die du mir geschenkt hast in meinem Leben. Gib mir die Kraft, aus der Dankbarkeit für ein behütetes und immer wieder zurechtgebrachtes Leben den Menschen zu dienen und deine Liebe zu bezeugen. Amen.

Wir singen: „Großer Gott, wir loben dich ..." (EG 331).

Heimgesucht

Manchmal kommt die Zerstörung unserer Welt mit großer Macht über uns. Es kann geschehen durch eigene und fremde Schuld. Wir sahen die Vorzeichen, aber reagierten nicht. Dann können wir nur noch hinnehmen und ertragen, was über uns kommt. Einiges wird unwiederbringlich fortgerissen in den Strudel des Abgrunds, anderes bleibt auf dem Grunde der Zerstörung erhalten: ein letzter Funken der Hoffnung, ein verbrannter Rosenstrauch, aus dem neues Leben hervorbricht.

Ground Zero – das haben so viele Menschen im persönlichen Leben erfahren und im Leben der Völker. Im Predigttext für den vergangenen 10. Sonntag nach Trinitatis, den Sonntag zum Gedächtnis der Zerstörung Jerusalems, heißt es: „Aber von den Geringen im Lande ließ er Weingärtner und Ackerleute zurück“ (2. Könige 25,12). Dem Erdboden gleichgemacht werden und dann von der Erde lernen und aufstehen: den Acker wieder bestellen, das Gewachsene ernten und mit Wenigem auskommen. Einfach sein und in der Gemeinschaft der Geringen das Leben wieder lieben.

Gott zerstört nie ganz, er lässt immer diesen Rest, aus dem Neues hervorgeht. Es ist sein Heimsuchen zu Buße und Umkehr, ein Neuwerden in verwandelter Gestalt. Wer am Boden zerstört daliegt, wird es zunächst weder sehen noch fühlen können. Aber es folgt ein Auferwecktwerden zu neuem Leben. Ganz langsam und behutsam hebt sich vom Boden, was doch zerstört und ausgerottet sein sollte.

Gott lässt nicht zu, dass unser Leben so vergeht. Nicht einmal durch den Tod hindurch. Der behält nicht das letzte Wort, sondern Licht und Leben. Einer steht auf, einer ist auferstanden, und wir folgen dieser unüberwindlichen Macht. Was muten wir einander zu in unseren gegenseitigen Heimsuchungen, die eher übelwollen als heilen? Gott lässt sich davon nicht beirren. Aus dem Grunde zerstörter Beziehung und verletzten Lebens ruft er zu neuem Sein: Sieh doch, hör doch, nimm an, lass dich zurechtbringen, lebe – verwandelt und einfach. Das Gedächtnis der Zerstörung Jerusalems ist auch das Gedächtnis der Wiederaufrichtung des Lebens in dieser Stadt, in diesem Land, in allen Städten und Ländern, in denen Menschen einander Gewalt angetan haben und noch heute antun. Es ist wie mit dem Rosenstrauch: verbrannt und neu blühend, weil Gott nicht mit Stumpf und Stiel ausreißt, sondern stehen lässt diesen Rest, die Wurzel, aus dem das Leben neu hervorwächst. „Freunde, dass der Mandelzweig wieder blüht und treibt, ist das nicht ein Fingerzeig, dass die Liebe bleibt. Dass das Leben nicht verging, so viel Blut auch schreit, achtet dieses nicht gering in der trübsten Zeit. Tausende zerstampft der Krieg, eine Welt vergeht. Doch des Lebens Blütensieg leicht im Winde weht. Freunde, dass der Mandelzweig sich in Blüten wiegt, bleibe uns ein Fingerzeig, wie das Leben siegt“ (Schalom Ben-Chorin).

Jesus

Gottessohn mit Großeltern

Natürlich hatte er Großeltern. Er war schließlich nicht vom Himmel gefallen, dieser Jesus von Nazareth. Er war, das wussten alle, der Sohn der Maria – und die nun wieder hatte eine Mutter mit Namen Anna und einen Vater mit Namen Joachim. Zwei Großeltern kennen wir also schon, die Großeltern mütterlicherseits. (Die katholische Kirche feiert ihr Fest am 26. Juli.)

Jesus war der „Zimmermannssohn" aus Nazareth in Galiläa. Also war Josef, der Zimmermann, sein Vater – oder zumindest sein „Ziehvater", denn die leibliche Abstammung war ja ins Gerede gekommen. Was war er nun? Sohn eines römische Besatzungssoldaten, Panthera genannt, oder doch eher Gottessohn – so ganz ohne irdischen Vater:

denn einen solchen vater
wie er einer sein müßte
gibt es nicht
unter den vätern
der menschen ...
und das ist
der springende punkt
in dieser mysteriösen geschichte
denn alle
menschlichen gerichte
die sich bis heute
mit diesem fall befassen
versteh'n zu wenig
von der liebe

Wilhelm Willms, Ave Eva

Rechtlich zumindest war Josef der Vater – und das allein zählte –, ein Mann aus dem Stamme Davids, weshalb Maria und Josef ja zur Volkszählung nach Bethlehem mussten. Dort wurde er geboren und wuchs dann in Nazareth auf. Er selber interessierte sich nicht so sehr für seine Verwandten, sondern eher für den „Vater im Himmel" und für seine geistlichen Geschwister. Aber andere schrieben seinen Stammbaum auf.

Und da gibt's gleich beim Großvater väterlicherseits Probleme: Wer nun – Jakob wie bei Matthäus oder Eli wie bei Lukas? Schon Eusebius von Caesarea († 339/40) erklärte die Widersprüche der Überlieferung mit der Leviratsehe. Jakob und Eli (die beiden kommen als Großväter väterlicherseits in Frage) waren Halbbrüder mit derselben Mutter, aber verschiedenen Vätern ... Stammbäume sind sehr aufregend. Die Familiengeheimnisse kommen ans Licht!

Fritz Rienecker († 1965) wartet mit einer anderen Erklärung auf: Der Mann einer Erbtochter musste sich in das Geschlecht ihres Vaters einschreiben lassen (Nehemia 7,63) und bekam dadurch neben dem leiblichen und noch einen rechtlich-genealogisch zuständigen Vater ... Wie dem auch sei: Es wird sehr kompliziert, wenn man den Ehrgeiz entwickelt, seine Vorfahren bis Adam und Eva oder auch nur bis Abraham und Sarah zurückverfolgen zu wollen. Niemand hat das eindrucksvoller beschrieben und aufgeklärt als David Friedrich Strauß († 1874) auf 12 Seiten in seinem Buch „Das Leben Jesu“.

Mich interessieren ja ehrlich gesagt nicht so sehr die mehr oder weniger berühmten Männer im Stammbaum Jesu (immerhin ist König David dabei, denn aus seinem Geschlecht musste ja der Messias kommen), sondern viel mehr seine vier Urahninnen Thamar, Rahab, Ruth und Batseba – eine ungewöhnlicher als die andere. Wer erzählt den solche Geschichten, wenn er auf sich hält? Aber womöglich steckt ja die ganze theologische Besonderheit dieses Jesus von Nazareth in seinen Urmüttern? Sich nicht zu schade zu sein, um der Liebe willen alles zu wagen!

Und von seiner Mutter Maria hat er schon im Mutterleib vorgesungen bekommen, worauf es im Verständnis des himmlischen Vaters ankommt. Mögen sich andere für Genealogien interessieren – der Genius oder Geist steckt nicht in den Genen, sondern im Verständnis der Wahrheit und dem Mut, auch danach zu leben. Jesus konnte „ich“ sagen, gegen alle Überlieferung: „Ich aber sage euch ...“

Deshalb empfehle ich, einen Tag lang die bemalte Holzdecke in der Kirche St. Michael zu Hildesheim zu betrachten: „Es ist ein Ros entsprungen aus einer Wurzel zart“ (EG 30). Christus kommt darin vor, Maria, Josia, Hiskia, Salomo, David, Isai, Adam und Eva. Und wir haben Gelegenheit, uns zu fragen, warum sie wichtig sind für unser aller Geschichte und Genealogie. Von welchen Impulsen stammen wir ab? Nicht Gene, sondern Ideale entscheiden über den Weg von Menschen. Manche Mütter und Großmütter singen uns davon vor an unserer Wiege.

Licht überwindet die Dunkelheit

Viele unserer Zeitgenossen fragen, ob die Geschichten von Jesus nicht zu fabelhaft, zu legendär sind, als dass man ihnen vertrauen kann. Allerdings ist das nicht erst in unseren Tagen so. Der Zweifel an Jesus und seiner Person ist nicht erst seit der Aufklärung oder gar im 21. Jahrhundert verbreitet. Auch unter den Zeitgenossen Jesu gab es Menschen, die ihm nicht vertrauten.

Heute können wir beobachten, dass manche Menschen sich zwar nicht auf die „unglaublichen" Jesusgeschichten einlassen, aber gleichzeitig begeistert sind von fernöstlichen Texten und Praktiken, die nicht weniger unglaublich sind. Es ist seit einigen Jahren modern, auf fernöstliche Religionen und Philosophien zu setzen, der Bibel und der christlichen Kirche aber sehr skeptisch zu begegnen. Vielleicht hat das damit zu tun, dass in fernöstlichen Religionen dem Menschen etwas abverlangt wird für sein Heil, dafür, dass er seine Bestimmung erreicht. Nach christlichem Glauben wird uns dies aber gerade von Gott geschenkt. Wir lassen uns aber an dieser Stelle nicht gerne etwas schenken.

Wenn wir von Jesus noch heute reden und hören, dann doch deshalb, weil sein Reden und Tun überzeugend, identisch war. Jesu Reden und Tun lässt sich fast auf ein Wort reduzieren: Liebe. In seiner Liebe vergibt Jesus den Sündern und nimmt sie an. In seiner Liebe heilt Jesus Kranke, tröstet er Trauernde und Leidende mit der Hoffnung auf das Reich Gottes.

Diese Liebe war nicht die Liebe eines edlen Menschen, sondern die Liebe Gottes zur Welt und allen Menschen. Das ging den Jüngern an dem Wirken ihres Meisters auf.

Diese Liebe Gottes ist nicht nur ein Gedanke. Sie ist gelebt worden. Sie hat sich im Leben Jesu dem Hass und der Feindschaft der Menschen ausgesetzt. Und doch haben die Jünger Jesu in ihr die Kraft erkannt, mit der Gott unsere Welt gewollt und bejaht hat. Gott gibt diese Welt nicht auf, das wird in der Liebe Jesu zu den Menschen deutlich. In der Kraft dieser Liebe will er die Welt verwandeln und erneuern, indem er die Menschen verwandelt und erneuert.

Dunkelheiten in unserem Leben und in unserer Welt lassen uns an Gottes Liebe nicht irre werden. Hass und Gewalt nehmen uns nicht die Hoffnung auf Gottes neue Welt. Wir wagen es, auch Fremde und Andersdenkende im Licht der Liebe Gottes zu sehen, die Jesus verkörpert. Darum ist es gut, auf das prophetische Wort zu achten. Es ist wie ein Licht, das an einem dunklen Ort scheint (2. Petr. 1,19). In diesem Licht sehen wir in Jesus den Morgenstern, der den neuen Tag Gottes für diese Welt ankündigt, den Tag seines Reiches.

Die Kraft der Vergebung

Das Vaterunser (Matthäus 6,9-13) enthält den wichtigen Satz: „Und vergib uns unsere Schuld, wie auch wir vergeben unsern Schuldigern." Die Bedeutung der Vergebung wird uns im Jahr 2000 besonders bewusst. Wir haben Abschied genommen von einem Jahrhundert voller Krieg und Vertreibung, voller Grausamkeit und Verletzung von Menschenrechten. Die Wunden schmerzen noch immer, die Menschen sich gegenseitig geschlagen haben. Können wir vergeben und, indem wir anderen vergeben, selber Vergebung empfangen?

Ohne Beziehung zu Gott wäre das nicht möglich. Ihm geben wir, was uns bedrückt, worunter wir leiden. Wir brauchen nicht mehr unsere Schuldiger damit zu belasten. Bei ihm ist unser Schmerz, unser verloren gegangenes Recht, aber auch unsere große und unsägliche Schuld aufgehoben. Er nimmt uns alles ab, worunter wir seufzen und leiden, damit wir wieder frei werden können. Er nimmt auch den Opfern ab ihre Schreie, ihre Schmerzen, ihre Hilflosigkeit – all den Opfern unserer Schuld. Wir brauchen uns nicht mehr gegenseitig zu belasten, weil einer da ist, der für uns trägt. Beten heißt vergeben – im wahrsten Sinne des Wortes: Gott geben, was wir wünschen, was wir bitten, worunter wir leiden, womit wir nicht fertig werden. Gott nimmt es und verwandelt es in seiner Liebe und gibt es uns so zurück, wie wir es brauchen und tragen können. Menschen, die beten, können loslassen, Gott geben, ihm anvertrauen und aus seiner Hand liebevoll verwandelt zurück nehmen. Beten heißt vergeben, sich erleichtern, Gott mit einbeziehen in unser Leben, damit er mit trägt und uns hilft.

Beten ist nicht nur ein Geben, ein Vergeben an Gott; Beten ist auch ein Nehmen, ein Vernehmen von Gott. Im Beten lernen wir, mit Gottes Augen zu schauen, mit seiner Liebe die Menschen zu lieben. Wir neigen ja dazu, nur unsere eigene jeweilige Erfahrung gelten zu lassen. Wir sind beschränkt und behindert in unserer Wahrnehmung von Welt. Darin liegt unsere große Schuld. Wir meinen, wir haben recht, wenn wir nur auf uns sehen. Jeder hat immer viele und genügend gute Gründe für seine Sicht der Dinge. Er hat recht, mit seinen begrenzten Augen betrachtet. Aber mit den Augen Gottes betrachtet weitet sich der Horizont. Die Sicht der anderen, die unter uns leiden, kommt auch in Betracht. Im Beten vernehme ich von Gott all die Klagen der anderen, ihre Sicht der Dinge, ihre Wünsche und Sehnsüchte. Deshalb ist Beten so wichtig.

Freundlicher Blick

Schönheit ist im Auge des Betrachters", so heißt eine alte, weise Erkenntnis. Wie ich die Dinge anschaue, so sind sie. Blicke ich freundlich und offen in die Welt, so kommt sie mir so auch entgegen. Senke ich finster den Blick, dann verdunkelt sich alles in mir – und auch mein Gegenüber erscheint mir in diesem Licht, in dieser Finsternis.

Jesus sagt im Evangelium: „Schaue darauf, dass nicht das Licht in dir Finsternis sei" (Lukas 11,35). Er weiß, was für fatale Folgen der finster gesenkte Blick hat: Er führt zum Brudermord (1. Mose 4,5). Immer wieder ist es der Blick, der Blickwinkel, der unsere Existenz bestimmt. Wir hören davon oft in der Bibel: 1. Mose 4,7; 2. Samuel 11,2; Hiob 31,1; Psalm 139,11-12; Sprüche 4,25; Jesaja 8,21-23; Matthäus 5,29; 6,28; 2. Korinther 4,6.

Wie können wir achtgeben auf unser Augenlicht, damit wir wieder anschauen können aus dem Blickwinkel Gottes? Wir blicken stracks und unverwandt auf Christus, der das wiederhergestellte Ebenbild Gottes ist und werden dabei verwandelt in sein Licht. So verändert und zurecht gebracht blicken wir in die Welt, begegnen Menschen und Tieren, Pflanzen und allen Dingen, wie er ihnen begegnete, lernen im Ansehen das Lieben (Markus 10,21). Dann wird alles hell und in ein neues Licht getaucht, angesehen aus dem Blickwinkel Gottes. So gesehen können aus Feinden auch Freunde werden (Matthäus 5,44), muss der Blick nicht mehr finster gesenkt werden mit tödlichen Folgen. Gott will, dass unser Auge, ja unser ganzer Leib licht ist und kein Teil finster an ihm, damit wir ganz licht sind, „wie wenn dich das Licht erleuchtet mit hellem Schein" (Lukas 11,36).

So verwandelt und vertieft sich unser Anschauen in den lichtvollen Blick unseres Herzens. Wir sehen nicht mehr nur, was vor Augen ist, sondern sehen mit Gott das Herz an (1. Samuel 16,7).

Heil werden in der Nähe Jesu

Die Evangelien berichten übereinstimmend davon, dass kranke Menschen in der Nähe Jesu gesund geworden sind (z. B. Matthäus 4,23). Offenbar ging eine Kraft von ihm aus, die andere heilte. Allerdings legen schon die Wundererzählungen der Evangelien nahe, alle Aufmerksamkeit auf den Wundertäter selbst zu richten und ihn für sein

Handeln anzustaunen. Uns modernen Menschen fällt es schwer, diese gläubig-verehrende Haltung anzunehmen. Zu tief sitzt der Zweifel, ob das wirklich alles so geschehen sein kann, wie es berichtet wird: erstaunliche Wunder, die eine Durchbrechung von Naturgesetzen zu enthalten scheinen. Das alles ist nur schwer mit unserem neuzeitlichen Wahrheitsbewusstsein in Einklang zu bringen. Eine nähere Beschäftigung mit den Heilungsgeschichten der Evangelien bringt aber eine erstaunliche Entdeckung: Es geht gar nicht in erster Linie um das Wunder einer Durchbrechung von Naturgesetzen, sondern um das Wunder der Verwandlung und Neustiftung von Beziehungen. Nicht nur der Wundertäter selbst ist wichtig, sondern vor allem auch die Menschen, an denen er handelt, und ihr Glaube. „Gehe hin, dein Glaube hat dir geholfen", sagt Jesus mehrfach und macht damit deutlich, dass es nicht nur an ihm liegt, wenn Menschen in seiner Nähe gesund werden.

Für uns Heutige ist das von großer Bedeutung. Wir können entdecken, dass wir selber in diesen Wundergeschichten vorkommen, dass es um unsere Ängste und Verkrampfungen geht, die der Gottessohn heilen und zurechtbringen will, wenn wir uns nur öffnen für seine lebensspendende und heilende Kraft. Ich glaube, dass wir eine ganz neue Beziehung zu den Wundergeschichten entwickeln müssen. Nicht so, dass wir einen übermächtigen Wundertäter anstaunen und dann die Abwesenheit seiner Kraft in dieser Welt beklagen, sondern so, dass wir uns selber entdecken in diesen Geschichten, unseren heimlichen Schaden, und uns verwandeln lassen von seiner Liebe. Ich möchte den Blick darauf lenken, dass in den Wundergeschichten der Evangelien eine Dynamik steckt, die auch noch heute von Bedeutung ist und uns verwandeln kann, wo wir krank und verängstigt sind, unheile Menschen in einer unheilen Welt. Gott will uns auch heute noch heilmachen, wenn wir uns nur öffnen für seine Nähe.

„Und als er in ein Dorf kam, begegneten ihm zehn aussätzige Männer, die standen von ferne und erhoben ihre Stimme und sprachen: Jesus, lieber Meister, erbarme dich unser! Und da er sie sah, sprach er zu ihnen: Gehet hin und zeiget euch den Priestern! Und es geschah, da sie hingingen, wurden sie rein" (Lukas 17,12-14). Manchmal geht der Körper merkwürdige Wege mit uns, um uns daran zu erinnern, wie wichtig es ist, Nähe zu anderen Menschen herzustellen, offen und verwundbar zu werden. Was wir in unserem Bewusstsein nicht begreifen können, zeigt sich an anderer Stelle: es geht auf, will heraus und zeigt gleichzeitig den ganzen Konflikt, unter dem wir leiden. Hautkrankheiten verhindern oft gerade den Kontakt, den wir suchen. Jesus hat sich davon nicht beirren lassen. Er hat hingeschaut und verstanden und den Kranken Mut gemacht, sich zu zeigen. Das hat sie heil gemacht.

Wenn das immer so leicht wäre, sich anderen so zu zeigen, wie man ist! Wir haben eher das Gefühl, unsere Haut zu Markte zu tragen, wenn wir andere so nah an uns heranlassen. Wir haben schlechte Erfahrungen gemacht mit Offenheit, und deshalb lassen wir so richtig niemanden an uns heran. Aber das stürzt uns in einen fatalen Konflikt: Wir möchten andererseits ja gerne, dass uns einer versteht und nahe kommt, zärtlich zu uns ist und uns liebt. Und so reagiert unsere Haut ganz empfindlich auf unsere jeweiligen Stimmungen: gereizt und gerötet, frierend und voller Abwehr, weich und voller Wärme, anziehend oder abstoßend im Geruch, voller Schuppen und Risse, gepanzert und offen zugleich. Manchmal ist es uns peinlich, wenn aufmerksame Menschen an unserer Haut entdecken, was mit uns los ist. Dann verstecken wir uns hinter dicker Kleidung, überströmenden Wohlgerüchen oder aufgetragener Farbe. Aber keiner kann aus seiner Haut. Wir sehnen uns danach, uns in ihr wohlzufühlen und von anderen angenommen zu sein, die richtige Mischung zu finden von Distanz und Nähe. Dabei könnte uns unsere verwundete Haut daran erinnern, dass wir uns nach Nähe, nach Liebe und Erbarmen sehnen, wie jene Aussätzigen, denen Jesus begegnet ist. Er hat hinter ihrer Abwehr ihre Sehnsucht gespürt und ihnen Mut gemacht, sich so zu zeigen, wie sie wirklich sind – und siehe da, das hat sie heil gemacht.

Ein Wunder, das unter uns nicht mehr geschehen könnte? Machen wir doch einmal die Probe aufs Exempel und zeigen, wie wir wirklich sind: empfindsam und verletzlich, offen für Liebe und für Wunder. Und wir werden die Erfahrung machen, dass eine wirkliche Verwandlung mit uns geschieht.

Verachtung und Vergebung

Die Norddeutschen wissen, was das ist: ein Pharisäer. Ein als harmloser Kaffee mit Sahnehaube getarntes hochprozentiges alkoholisches Getränk. Im Neuen Testament begegnen uns Pharisäer als fromme Menschen, die nach außen korrekt erscheinen, im Innern aber auch finstere Gedanken hegen. Das ist keine Diskriminierung einer jüdischen Gruppe zur Zeit Jesu, das beschreibt unser aller „pharisäerhaftes" Verhalten.

Bei einem solchen Menschen ist Jesus zu Gast und erlebt, wie der bei aller Höflichkeit verächtlich auf eine Sünderin herabschaut (Lukas 7,36-50). Jesus kümmert sich nicht so sehr um diese Frau. Sie ist damit beschäftigt, ihm einen liebevollen Dienst zu erweisen. Er sorgt sich um den Pharisäer und möchte sein verschlossenes Herz öffnen. Er spricht ihn an auf eine Geldfrage (so etwas interessiert auch heute noch die Leute am ehesten) und fragt nach den Gefühlen dessen, der so viele Schulden erlassen bekam. Ob der Transfer gelungen ist? Konnte der Pharisäer Simon die Sünderin mit anderen, verständnisvolleren Augen ansehen? Jesus sagt ihm und uns allen: „Ihre vielen Sünden sind vergeben, denn sie hat viel Liebe gezeigt; wem aber wenig vergeben wird, der liebt wenig."

Halten wir uns für überaus korrekt und auf Hilfe und Vergebung nicht angewiesen, könnte es sein, dass wir zu wenig lieben. Wir haben noch gar nicht die Erfahrung gemacht, was es heißt, etwas geschenkt zu bekommen. Liebe, Zuwendung, Vergebung, Glaube, Frieden: Das Wichtigste im Leben, oft verborgen unter einer eleganten Haube, ist Gottes lebendig machende Zugabe zum Leben. Wir sollten uns davon begeistern lassen, dann brauchen wir keine Tarnung für Alkohol oder andere Süchte.

Zwischen Bekenntnis und Verrat

Jesus ist in großer Bedrängnis durch Kranke, Geplagte und unreine Geister. Er bittet seine Jünger um Hilfe: Sie sollen ein Boot bereithalten, damit er ausweichen kann (Markus 3,7-19). Kaum jemand hat das Bedrohliche dieser Szene besser dargestellt als Andrew Lloyd Webber in seinem Musical „Jesus Christ Superstar". Da schreit Jesus die ihn Bedrängenden an: „Heilt euch selbst!"

Jesus weiß, dass ihn dieses Bekenntnis: „Du bist der Sohn Gottes", in große Schwierigkeiten bringen wird bei den religiösen Autoritäten seiner Zeit. Was tun? Er kann ja die ganze Last nicht alleine tragen. Er beruft aus der Schar seiner Jüngerinnen und Jünger zwölf Apostel, die uns alle mit Namen bekannt sind: Fischer, Handwerker, einfache Menschen. Er verleiht auch neue Namen, die sich anhören wie Charakterbeschreibungen: „Fels" und „Donnersöhne". Irgendwo muss die Kraft zur Abwehr ja herkommen. Und er betraut sie mit drei wichtigen Aufgaben: bei ihm zu sein, zu predigen und böse Geister auszutreiben. Er gründet eine persönliche Schutztruppe, die ihm erlaubt, sich der Schwere der Aufgabe zu widmen. Er muss nicht mehr ausweichen aufs Boot, auf den See, in die Einsamkeit. Er stellt sich der Herausforderung und legt damit den Grundstein der Kirche, wie sich später zeigt. Einer ist freilich darunter, der ihn verrät. Zwischen Bekenntnis und Verrat bewegt sich Jesus. Noch heute.

Gebet: Herr, wir bitten dich, lass uns nicht alles erwarten von dir. Hilf uns, Mitverantwortung zu tragen für dein Reich. Gib uns festen Halt und einen neuen Namen. Bewahre uns vor Verrat und lass uns dich mutig bekennen.

Das Böse fesseln

Jesus heilt Krankheiten und treibt böse Geister aus (Markus 3,20-30). Der Druck, der auf ihm lastet, ist groß. Da bevollmächtigt er seine Apostel dazu, ihm zu helfen und das Gleiche zu tun. Und was ist der Dank seiner Zeitgenossen, ja seiner eigenen Familie? Sie sagen: „Er ist von Sinnen." Für verrückt halten sie ihn. Sie werden mit dem Druck, den das für alle bedeutet, nicht fertig. Sie wollen ihn da nur wegholen. Die Schriftgelehrten setzen noch eins drauf: Sie glauben, er gebiete den unreinen Geistern mit ihrem Obersten, dem Satan. Sie halten ihn für des Teufels. Jesus verteidigt sich: Man kann Böses nicht mit Bösem austreiben; das macht alles nur noch schlimmer. Gerade das stärkste Böse muss zuerst gebannt, besiegt und in Fesseln gelegt werden, dann kann Heilung geschehen. Kraftvoll setzt sich Jesus mit seinen Gegnern auseinander und widerspricht ihnen deutlich. Für ihn ist klar: Wer die geistige Grundhaltung eines Menschen angreift und verkennt, lädt etwas Unverzeihliches auf sich. Er greift den anderen in seinem Kern an. Noch bleibt es in dieser Auseinandersetzung bei kräftigen Worten. Die eigentliche Auseinandersetzung darum, wes Geistes Kinder die Kontrahenten sind, steht noch aus. Unter dem Kreuz wird sichtbar, wer den heiligen und wer den unheiligen Geist vertritt. Jesus verlässt sich auf die bezwingende Kraft Gottes. Allein die Liebe besiegt das Böse.

Gebet: Wir bitten dich, Herr, lass uns nicht verkennen, wer du bist. Mögen wir uns auch streiten, irren und manch abfällige Bemerkung machen – im Vertrauen auf den Geist der Wahrheit dürfen wir uns nicht vertun.

Die Familie Gottes

Hatte Jesus leibliche Geschwister? Oder waren sie nur angeheiratet und gehörten so zum Familienverband? Namen tauchen auf in der Bibel: Jakobus, Josef, Judas und Simon. Auch wird berichtet, Jesus habe seine Mutter dem Apostel Johannes anvertraut. Dies wäre nach jüdischer Sitte undenkbar, wenn Maria weitere leibliche Kinder gehabt hätte.

Mutter und Stiefgeschwister sind besorgt (Markus 3,31-35). Sie wollen Jesus aus dem öffentlichen Aufruhr um seine Person herausholen. Manche aus der Familie halten ihn gar für verrückt. Aber Jesus lässt sich nicht heimholen in den vertrauten, engen Familienverband, wo jeder seine Rolle hat. Er bleibt bei den Menschen, die mühselig und beladen sind und seine Hilfe suchen. Er erwählt sich eine neue Familie, die Familie Gottes. Es geht ihm nicht mehr um Blutsbande, sondern um „Sinnbande“: „Wer Gottes willen tut, der ist mein Bruder und meine Schwester und meine Mutter.“

Jahre später tut es ihm einer nach, der ihn persönlich nicht gekannt hat, dem er aber in einer bewegenden Vision erschienen ist: Paulus. Bezwungen von der überwältigenden Liebe Jesu begreift er die wahren Verwandtschaftsverhältnisse im Reich Gottes: nicht die Abstammung ist entscheidend, sondern der Glaube. Die Gemeinschaft der Getauften öffnet sich von Israel in die Welt. Sie alle dürfen hinzukommen, die dem Evangelium glauben und den Willen Gottes tun.

Gebet: Herr, ich entdecke immer wieder, was das heißt: neben meiner Familie noch eine andere Familie zu haben. Weit und groß und vielfältig. Manchmal gibt es auch da Familienstreit. Aber wir gehören zusammen – weltweit.

Gleichnisse vom Himmelreich

Selbstverständliche Hilfe

Die Pharisäer und Schriftgelehrten murren (Lukas 15,1-7). Sie können sich nicht mitfreuen über die nachgehende Seelsorge Jesu an denen, die sie als „Sünder" betrachten. In drei Geschichten vom Verlorenen (Schaf, Groschen, Sohn) versucht er, ihren Widerstand zu überwinden. Erst im letzten Gleichnis vom zornigen Bruder des verlorenen Sohnes wird dieses Murren direkt thematisiert. Zuvor begegnet uns die dreifache Einladung zur Mitfreude: über das wiedergefundene Schaf, den wiedergefundenen Groschen, den wiedergefundenen Sohn. Das Bild vom guten Hirten, der das eine verirrte Schaf auf den Schultern zu seiner Herde zurückträgt, ist klassisch geworden für das rettende Handeln Jesu. Sein Name schon verrät seinen Auftrag: Jehoschua – Gott rettet. Das richtet sich nicht gegen die Mehrheit (die 99 anderen), sondern ist die selbstverständliche Hilfe für diejenigen, die jetzt unseren Einsatz brauchen. Die Ängste um unsere Leitkultur angesichts der Flüchtlingskrise spiegeln heute das Murren der Pharisäer und Schriftgelehrten von damals wider. Jesus versucht, sie zu gewinnen mit einem ihnen vertrauten Verhalten im Alltag: gute Hirten kümmern sich um das verlorene Schaf, lassen niemanden einfach im Stich. Es geht nicht um eine zynische Rechenaufgabe, sondern um das Bewähren von Liebe und selbstverständlicher Hilfe – ob nun professionell oder ehrenamtlich.

Wir beten: Herr, bewahre uns davor, dass wir abwehrend und berechnend werden in Zeiten der Not. Schenke uns die selbstverständliche Bereitschaft zur Hilfe dort, wo sie gebraucht wird. Gib uns Zuversicht!

Achtgeben auf das Geringe

Eine der wichtigen Frauengeschichten, die Jesus erzählt (Lukas 15,8-10). Sie spiegelt durchaus patriarchalische Verhältnisse wider: Das Haushaltsgeld ist knapp und muss zusammengehalten werden. Die Freude über den wiedergefundenen Silbergroschen wird mit den Freundinnen und Nachbarinnen geteilt. Nicht nur in der Synagoge gab es sichtbare Barrieren zwischen der Welt der Männer und der Welt der Frauen. Aber Jesus weiß, dass er zu den murrenden Männern auch von ihren tüchtigen Hausfrauen (Sprüche 31,10-31) sprechen kann, ohne die ihr Zusammenleben nicht funktionieren würde. Sie geben Acht auf das Kleine; sie schätzen nicht gering, sondern achten hoch; sie halten zusammen, was zusammengehört. Es ist auch eine Metapher für den täglichen Umgang miteinander. Der Silbergroschen kann für vieles stehen, was es wertzuschätzen und hochzuhalten gilt. Jedenfalls soll nicht verlorengehen, was dazu gehört und erst den ganzen anvertrauten Schatz des Lebens ausmacht. Jesus münzt das Gleichnis auf das Himmelreich: So wird Freude sein vor den Engeln Gottes über einen Sünder, der Buße tut. Die Engel sind der Hofstaat Gottes und geben Acht, dass keines von diesen Kleinen verlorengeht. Es macht wohl Sinn, wenn Luther die Ehefrauen gerade mit den Engeln vergleicht. Es geht um ihre Sorgfalt und ihre Genauigkeit, ihre Wertschätzung und ihre große Solidarität untereinander.

Wir beten: Lass uns nicht geringachten, wer auf Geringes achtet. Die Wertschätzung des Kleinen ist wichtig. Wer im Kleinsten treu ist, ist es auch im Großen. Lass uns achtgeben auf das, was dazugehört.

Wieder lebendig werden

Im Gleichnis vom verlorenen Sohn (Lukas 15,11-32) geht es auch um den wiedergefundenen Vater und den zornig gewordenen älteren Bruder. Die Frage ist, was Totsein bedeutet und was Wiederfinden von Leben. Der Vater (mit den von Rembrandt unterschiedlich gemalten Händen) repräsentiert das Leben: mütterliche und väterliche Liebe. Der jüngere Sohn verliert sein erfülltes Leben in der unnötigen Trennung (Sünde = Sund) vom himmlischen und vom irdischen Vater. Der ältere Sohn wird starr und unlebendig in Zorn und Eifersucht, mit denen er scheel auf den jüngeren Bruder schaut und das Fest, das der Vater um seinetwillen gibt. Im älteren Sohn spiegelt sich das Murren der Pharisäer und Schriftgelehrten wider, unser aller Unmut und Neid auf Gerettete und Wohlbedachte, denen wir ihre Zuflucht, ihr Glück und ihre Wohlfahrt nicht gönnen – es sei denn, sie hätten mit uns im Schweiße ihres und unseres Angesichts all die Jahre mitgearbeitet und mitgedient. Der Vater versucht, mit ausgestreckten Armen beide Söhne zu verwandeln, an sein Herz zu nehmen und wieder lebendig zu machen. Heimkehr zu den angestammten Rechten und Mitfreude über die Umkehr des Verirrten sind die beiden Kennzeichen wahrhaftigen Lebens. Es ist nicht umsonst so, dass neben dem Gleichnis vom barmherzigen Samariter dieses Gleichnis vom verlorenen Sohn das bedeutendste des christlichen Glaubens ist.

Wir beten: Vergib uns, wenn wir uns nicht mitfreuen und gönnen können, wo Du Hilfe für die vielen Flüchtlinge erweckst. Lass uns nicht scheel auf die sie schauen, sondern uns mitfreuen an ihrem Glück.

Heiliger Geist

Ich glaube an den Heiligen Geist

Jesus hatte davon gesprochen, dass es gut sei für die Jünger, dass er sie verließe und zum Vater ginge – sonst käme der Heilige Geist, der Tröster, nicht zu ihnen. So, wie er den hoch in den Himmeln thronenden Vater zu ihnen auf die Erde gebracht hatte, einen großen Abstand überwindend, so würde nun der Heilige Geist den Sohn, der mit dem Vater eins ist, in ihre Herzen bringen, wieder einen großen Abstand überwindend. In der Einheit von Vater, Sohn und Heiligem Geist wird sichtbar, was für einen Gott wir haben: einen, der uns kennt, nahe ist und versteht; und der selber Beziehung und Gespräch ist, wie uns die Dreifaltigkeitsikone von Rubljow lehrt.

Einen Gott, der fernab vom Menschen hoch im Himmel thront, uns weder kennt noch versteht, nicht weiß, was es heißt, eine Haut zu haben und sterblich zu sein, können wir nicht gebrauchen – nur einen, der uns ganz nahe kommt in seinem Wort und Sakrament und der uns seinen heilsamen Willen ins Herz legt und uns innerlicher wird als wir selbst. So hat es Luther im Großen Katechismus beschrieben: Der Heilige Geist heißt heilig, weil er uns verlorene Menschen heiligt und zurechtbringt. Er eignet uns die Erlösung zu und bringt uns zu Christus. Das entscheidende Mittel, mit dem er wirkt, ist die Kirche, die Mutter der Christen. Nicht das Gebäude Kirche trägt uns, sondern die darin versammelte Gemeinde, die Christus als ihr Haupt anerkennt und einträchtig in der Liebe beieinander ist im Gebet, auf das Wort der Schrift hört und die Sakramente empfängt. Der Heilige Geist macht, dass wir für Gott empfängliche Menschen werden.

Die treibende Kraft unseres Christseins

Gottes Geist ist die treibende Kraft unseres Christseins (Römer 8,14). Es wäre gut, wenn wir das stärker beachteten und mehr in Bewegung käme. Viele ruhen sich gemächlich aus und leben vom Kapital. Manche zehren von ihrer Kinderfrömmigkeit ein Leben lang. Sie wachsen im Glauben nicht mit. Ihre Gotteserfahrung bleibt in einer kindlichen Welt. Diese schlichte, vertrauensvolle Frömmigkeit ist ein gutes Erbe, aber unser Glaube wird in spannungsreichen Zeiten wie diesen mit vielen bewegenden Konflikten zu einem neuen Wagnis, zu einer kühnen Hoffnung herausgefordert. Da muss der Glaube wachsen und den gestiegenen Anforderungen entsprechen.

Das aber, was uns im Leben oft treibt, ist nicht gerade der Geist Gottes. Da gibt es Pflichten im Beruf, die uns zu erdrücken drohen. Da gibt es wachsende Sorgen und Ängste um die Zukunft. Jeder und jede von uns weiß am besten, was sie oder ihn im Moment so alles umher treibt.

Bei diesem vielen Hin- und Hergetriebensein wünschen wir uns manchmal, uns einfach wohltuend treiben lassen zu können wie ein Segelboot auf dem Wasser. Es gleitet langsam dahin und kommt doch ans Ziel. Einmal nicht selber treten und Wind machen müssen, sondern sich von fremder Kraft treiben und tragen lassen und mit dem Wind und mit dem Strom gut vorankommen!

Gottes Geist kann uns voranbringen wie ein frischer Wind, wenn wir uns nur von ihm antreiben lassen und nicht vergessen, die Segel zu hissen. Gottes Geist treibt uns nicht umher, wie unsere eigenen Pflichten und Ängste, die uns oft an den Rand von Katastrophen bringen: Die Angst vor dem Alter nimmt zu, die Angst vor Krankheit, vor den Auswirkungen der anstehenden Reformen, Angst vor der Arbeitslosigkeit, Angst vor der Zerstörung der Mitwelt, Angst vor sozialer Kälte, Angst vor Vereinsamung. Bisweilen auch die Angst vor dem Urteil der anderen über mich.

In diese „Sackgasse der Angst“ will uns der Geist Gottes gerade nicht treiben. Er schafft uns Freiraum in jeder Klemme, in der wir festsitzen können. Unser Rücken wird freigehalten. Und dort, wo wir scheinbar blind hin- und hergetrieben werden, steht der lebendige Gott nahe bei uns. Wir sind nicht allein. Gott ist bei uns und geht mit uns. Er schafft Raum zum Weitergehen und Luft zum Atmen. Jeder Ort wird so unmittelbar zu Gott. Wir dürfen zu ihm Vertrauen haben wie zu einem guten Vater und zu einer guten Mutter. Wir sind Kinder seines Geistes. Das ist doch wirklich eine gute Nachricht!

Kirche

Altgewordene Schönheit – neu entdeckt

„Das waren noch Zeiten“, sagen wir meistens, wenn wir Fotos aus unserer Jugendzeit betrachten. Lauter fröhliche Menschen um uns her, und die Welt lag noch vor uns. Jetzt sind wir altgeworden und manchmal auch schon ein wenig müde. Der Glanz vergangener Zeiten ist vorüber.

„Das waren noch Zeiten“, werden viele von Ihnen denken, wenn Sie den Predigttext für den heutigen Sonntag in der Bibel nachlesen (Apostelgeschichte 2,41-47). In der Anfangszeit der Kirche geschahen noch Zeichen und Wunder: Menschen fanden zum Glauben, waren einmütig beieinander und hatten alle Dinge gemeinsam. Sie feierten fröhliche Gottesdienste und besuchten sich gegenseitig in den Häusern. Die christlichen Gemeinden wuchsen, lobten Gott von ganzem Herzen und fanden Wohlwollen beim Volk.

Heutzutage scheint beinahe alles ins Gegenteil verkehrt zu sein: Die Mitgliederzahlen schrumpfen, wir können kaum noch für das gemeinsame Eigentum sorgen und unserer diakonischen Verantwortung gerecht werden. Die öffentliche Meinung bläst uns ins Gesicht und die Stimmung untereinander wird angesichts der angekündigten Sparrunden immer dunkler und trüber. Was sollen wir tun? Den Kopf hängen lassen, von früheren Zeiten schwärmen und in die allgemeinen Klagelieder über den Wandel der Zeit einstimmen?

Nein, die Apostelgeschichte malt uns das frische Bild des Kirchenfrühlings nicht vor Augen, um uns zu entmutigen. Sie möchte uns an den großen Schwung des Anfangs erinnern, um wieder neue Kräfte zu wecken und den Blick nach vorn zu richten. So könnte es sein mit dir, christliche Gemeinde, das hast du schon alles geschafft in dieser Welt. Mit Gottes Hilfe hast du Zeichen gesetzt, Verhältnisse geändert, Geschichte geprägt. Noch heute finden Menschen Heimat im Glauben, lassen sich ihre verletzten Seelen heilen in Gebet und Gemeinschaft. Noch heute gibt es diese stille Freude, wenn wir im Hören auf Gottes Wort und im Empfangen seines Sakraments das Elementare unseres Lebens entdecken. Mag die Welt auf äußere Zahlen und Statistiken schauen (selbst da müssen wir uns nicht verstecken!) – wir vertrauen auf die Wunder innerer Verwandlung, die auch noch täglich geschehen, wenn Menschen sich zurechtbringen lassen, indem sie das Wort, das ihnen gesagt ist zu ihrem Heil, annehmen.
Annehmen können, empfänglich sein – das scheint überhaupt der Schlüssel zum Ver-

stehen göttlicher Kraft im Wandel und Vergehen der Welt zu sein. Machen wir das nicht auch so, wenn wir altgewordene Menschen auf ihre innere Kraft hin anschauen und ansprechen? Schaut, was ihr empfangen habt und was noch immer aus euch strahlt! Wie es weitergeht durch eure Impulse in der nächsten Generation! Die eigenen Kräfte nehmen ab, aber das Neue wächst schon auf mitten unter euch. Schaut nur, wie es wächst und weitergeht! Altgewordene werden wieder jung, wenn man sie an den Zauber des Anfangs erinnert und die Spuren ursprünglicher Kraft auch im Neuen finden lässt.

Ist unsere Kirche noch zu retten?

Tabita, eine Jüngerin aus Joppe, die krank geworden war und starb, wird von Petrus wieder zum Leben erweckt und der ganzen Gemeinde „lebendig vor Augen gestellt“. Diese Geschichte (Apostelgeschichte 9,36-43) ist mir zum Gleichnis geworden für die Frage nach der Lebendigkeit von Kirche und Gemeinde in unserer Zeit.

Es wird ja nicht ausdrücklich berichtet, woran Tabita gestorben ist. Vielleicht hat sie sich verausgabt und ist daran gestorben. Immer nur hat sie für andere gesorgt und nie an sich selber gedacht. Sie hat versucht, den anderen etwas von sich mitzuteilen in all ihren Werken, aber die haben immer nur das Äußere gesehen, all die schönen Dinge, die sie bekamen, angenommen, aber gar nichts verstanden von der Person, die dahinter war. So hat sie sich verzehrt an andere, ist krank geworden und gestorben.

Für mich liest sich das wie die Geschichte unserer Kirche in unserer Zeit. „Da war eine Kirche, die war voll guter Werke und Almosen, die sie gab. Es begab sich aber zu der Zeit, dass sie krank ward und ...“

Nun, gestorben ist die Kirche noch nicht, aber sie ist in Gefahr, sich nach außen hin zu verausgaben und ihre innere Kraft zu verlieren. Und wenn es dann geschieht, dass die Menschen nicht einmal mehr auf die guten Werke und Almosen, also auf die diakonische Arbeit der Kirche, angewiesen sind, dann kann es geschehen, dass sie ganz stirbt, weil niemand sie mehr braucht. Wie aber kann geschehen, dass sie wieder „lebendig vor unseren Augen“ steht?

In der Geschichte von der Auferweckung der Tabita sind mir drei Handlungen oder Haltungen des Petrus wichtig geworden, die die Tote wieder lebendig gemacht haben.

Erstens: Petrus schickt all die „Witwen", die Trauergeister, hinaus. Er lässt sich von ihrem Weinen und Wehklagen, das den Tod nur fester macht, nicht beirren. Ich denke mir, dass das eine Haltung ist, die auch gegenüber unserer von manchen schon totgesagten Kirche wahre Wunder bewirken könnte. Was uns fehlt, ist ein Petrus, der die Klage- und Trauergeister vertreibt, der mitten durch das Wehgeschrei hindurchgeht, sich nicht beirren lässt und uns zeigt, wie viel Leben da noch ist.

Zweitens: Nachdem Petrus alle hinausgetrieben hatte, „kniete er sich nieder, betete und wandte sich zu dem Leichnam und sprach: „Tabita, stehe auf!" Wenn das doch auch alle täten, die unsere Kirche so kritisieren, beweinen und beklagen! Wenn sie aus ihrer negativen Haltung herausfinden könnten zu der Liebe und Hingabe, die allein Leben schaffen kann!

Und drittens: Petrus gibt Tabita die Hand, lässt sie aufstehen, ruft die Gemeinde und stellt sie lebendig vor ihre Augen. Auch das ist mir zum Gleichnis geworden für unser Verhalten der Kirche gegenüber. Machen wir das auch so? Geben wir ihr die Hand, lassen wir uns ein mit ihr? Und stellen wir sie anderen lebendig vor Augen? Das ist für mich die wichtigste Frage geworden. Wer nur herumkritisiert, nörgelt, der nimmt die Luft zum Atmen.

Deshalb: Lasst uns mit den Augen des Petrus Tabita, die Kirche, anschauen. Und wenn wir gemerkt haben, wie lebendig sie für uns ist, dann lasst uns hingehen und anderen davon erzählen. Lasst uns all unsere Liebe und Phantasie aufwenden dafür zu zeigen, wie lebendig Kirche ist, lasst sie uns lebendig anderen vor Augen stellen. „Dann wird der Tod überwunden und das Leben siegen."

Die erste Christin Europas

Paulus und seine Begleiter ziehen durch Kleinasien. Sie haben Reisepläne, die durchkreuzt werden vom Heiligen Geist (Apostelgeschichte 16,6-15). Wie R. O. Wiemer schreibt: „Er steht im Weg und er sagt: Nein, der Engel." Paulus hat neben seinen Plänen auch einen nächtlichen Traum: „Ein Mann aus Mazedonien stand da und bat ihn: Komm herüber nach Mazedonien und hilf uns!" Göttliche Eingebung oder Wunschtraum oder eine Mischung von beidem? Paulus folgt diesem Traum bis nach Philippi, der römischen Garnison. Was er noch nicht weiß: Auch dieser Traum wird durchkreuzt wie seine Pläne. Er landet nicht bei einem Mann, sondern bei einer Frau: draußen vor der Stadt, wo man zu beten pflegte. Als besonders empfänglich für die Botschaft des Paulus erweist sich Lydia, die Purpurhändlerin. Sie hört zu und öffnet ihr Herz. Sie lässt sich taufen. Sie wird die erste Christin in Europa. Ein leises Erstaunen klingt noch in ihrer Einladung an Paulus und seine Begleiter nach: „Wenn ihr anerkennt ..." Was für eine Eingebung! Als ob sie wüsste, was über die Jahrhunderte hin im christlichen Europa immer wieder das Thema sein sollte: die Gleichberechtigung der Frau – rechtlich, politisch, kirchlich. Im Laufe der Jahrhunderte wurde auf diesem Gebiet viel erreicht. Aber die Frauenordination gibt es in der katholischen Kirche bis heute nicht. Und die Frauenquote in den Vorstandsetagen der börsennotierten Unternehmen lässt zu wünschen übrig. Lydia war eine großartige Unternehmerin, Zuhörerin, Gastgeberin. Und sie traute sich, Männer wie Paulus zu drängen. Nur so erreicht frau manchmal ihr Ziel.

Wir beten: Wir danken dir, Herr, dass du unsere Pläne durchkreuzt und unsere Vorstellungen korrigierst. Du führst deine Pläne zum Ziel auch gegen unseren Widerstand und Unwillen. Du berufst Menschen in deine Nachfolge auf ungewöhnliche Weise. Lass uns dir vertrauen und nicht im Wege stehen. Amen.

Wir singen: „Vertraut den neuen Wegen ..." (EG 395).

Frauenpower

Frauenpower kann auch Grenzen verletzen und gefährlich werden: für sich selbst und für andere. Eine Magd mit einem Wahrsagegeist tritt auf, ausgenutzt von geschäftstüchtigen Männern (Apostelgeschichte 16,16-22). Paulus und Silas könnten ja froh sein, von ihr in den höchsten Tönen gelobt und anerkannt zu werden. Aber ihr Geschrei geht Paulus gehörig auf die Nerven, nicht nur wegen des groben Missverständnisses seiner Botschaft, sondern wegen der erbärmlichen Folgen für diese ausgebeutete Frau. Paulus fährt sie an und treibt den vermeintlichen Wahrsagegeist aus. Was für eine Vollmacht gegenüber Ausbeutung und falschem Gehabe wird da sichtbar! Das wünschte man sich auch heute noch gegenüber den falschen Parolen fehlgeleiteter Finanzspekulation.

Aber das Geschäft ist nun vermiest, und beim Geld hört bekanntlich die Freundschaft auf. Paulus und Silas werden vor Gericht geschleppt (wie auch heute viele Menschen, die sich nicht alles gefallen lassen wollen) und fälschlich angeklagt. Was damals schon funktionierte und dann im Laufe der Jahrhunderte immer wieder: diese lächerliche Unterscheidung „sie sind Juden und wir sind Römer". Mit perfidem Antisemitismus lässt sich damals wie heute das Volk aufwiegeln. Das findet seinen Höhepunkt in Deutschland im 20. Jahrhundert unter Hitler, begleitet vom Heil-Geschrei der Massen. Und die anderen? „Die Kleider herunter und mit Stöcken geschlagen." So fängt es immer an, wenn nicht guter Geist Einhalt gebietet.

Wir beten: Lass uns durch das hysterische Geschrei der Rechthaber und Besserwisser deine leise Wahrheit vernehmen. Befreie uns von aller Geldgier und Geschäftemacherei. Lass uns achtgeben aufeinander und falsche Unterscheidungen und Vorurteile zurückweisen. Amen.

Wir singen: „O komm, du Geist der Wahrheit ..." (EG 136).

Ein Suizid findet nicht statt

Die gute Nachricht: Ein Suizid findet nicht statt (Apostelgeschichte 16,23-40). Das war 1976 anders: Ulrike Meinhof wurde erhängt in ihrer Zelle aufgefunden. Auch sie hatte gegen Ausbeutung und falschen Wahrsagegeist gekämpft. Aber in ihrer Rebellion dagegen hatte sie auch Todesopfer in Kauf genommen. Paulus und Silas hatten einen anderen Geist, eine andere Gemeinschaft. Sie beteten und vertrauten auf Gott. Und es kommt ins Wanken, was sie fesseln und lahmlegen will. Nicht sie geraten in Versuchung, sich das Leben zu nehmen, sondern der Gefängnisaufseher zieht die Selbsttötung in Erwägung.

Aber geht so Befreiung vor sich – auf Kosten des einen oder anderen? Paulus gebietet diesem Entweder-Oder Einhalt. Alle sollen leben und vertrauen können, nicht der eine sich auf Kosten des anderen durchsetzen. Verkündigung, Taufe, Abendmahl und Diakonie spielen eine Rolle bei dieser Verwandlung: „Sie sagten ihm das Wort des Herrn ... und er deckte ihnen den Tisch."

All das ist schon sehr ungewöhnlich. Aber es kommt noch eine wichtige Pointe hinzu: Paulus lässt sich nicht einfach „freisprechen", er will wirklich „freigegeben" werden. Mit ein paar hergesagten oder hingeschriebenen Worten lässt sich das Unrecht nicht abtun und innere Wandlung bewirken, Umkehr muss wirklich vollzogen werden vor aller Augen mit der eigenen Tat. Auch das ein Kommentar zu deutschen Vorgängen nach dem Ende zweier Diktaturen: den anderen lassen – in Freiheit, bei seinen Freunden, auf seinem eigenen Lebensweg. Und selber glauben und vertrauen.

Wir beten: Du hast Gefängnisse zerbrochen, Gott, innere und äußere, mit deiner Macht und Güte. Lass uns gemeinsam Leben aufbauen im Vertrauen auf deinen Sohn Jesus Christus, der will, das allen Menschen geholfen werde und sie das Leben in Fülle haben. Amen.

Wir singen: „Herr, deine Liebe ist wie Gras und Ufer ..." (EG 623).

Gnade vor Recht

Jesus löst sich von seiner Familie und wendet sich der Familie Gottes zu. Paulus tut es ihm nach, aber es schmerzt ihn, weil er sich mit seinen „Stammverwandten im Fleisch“ zutiefst verbunden weiß. Er ist traurig und verspürt große Schmerzen, weil Menschen, die ihm wichtig sind, das Evangelium von Jesus Christus ablehnen (Römer 9,1-8.14-16). Sie haben eigentlich alles, worauf es ankommt: „die Kindschaft und die Herrlichkeit und die Bundesschlüsse und das Gesetz und den Gottesdienst und die Verheißungen“. Aber es fehlt ihnen das Vertrauen darauf, dass der Messias gekommen ist in Jesus von Nazareth: „Fürwahr, er trug unsre Krankheit und lud auf sich unsere Schmerzen. Wir aber hielten ihn für den, der geplagt und von Gott geschlagen und gemartert wäre. Aber er ist um unserer Missetat willen verwundet und um unserer Sünde willen zerschlagen. Die Strafe liegt auf ihm, auf dass wir Frieden hätten, und durch seine Wunden sind wir geheilt“ (Jesaja 53,4-5).

Dabei spielt auch im jüdischen Glauben nicht allein die Abstammung eine Rolle, sondern es geht auch da um eine Heilsgeschichte, die mit Erwählung zu tun hat und nicht mit dem Erstgeburtsrecht. Wir können uns nicht darauf verlassen, „einfach so“ dazuzugehören durch Geburt, Abstammung, Rechtssatzung oder Anspruch. Gott erwählt Jakob vor Esau. Die einzige, die das weiß, ist Rebekka. Und sie berät ihren Sohn, als es darum geht, den Segen des „Alten“ zu erlangen. „Rebekka kochte, wie Isaak es gerne hatte“ (H. Wöller). Mutter und Sohn, in Kenntnis der Erwählung Gottes, gebrauchen eine List. Mit Betrug hat das gar nichts zu tun. Außer, dass die Welt manchmal betrogen sein will, wenn sie das Heilshandeln Gottes nicht versteht. „Seid klug wie die Schlangen und ohne Falsch wie die Tauben“ (Matthäus 10,16). Wer Betrug wittert, wo Verheißung und Gnade waltet, hat nichts verstanden von der Liebe Gottes.

Gebet: Herr, wir bitten dich, lass uns deine Gnade verstehen. Sie gilt manchmal dem anderen und wir sollen nicht scheel dreinblicken. Sie gilt manchmal uns selbst und das ist unser Glück. Du bist nicht ungerecht, sondern liebevoll und beschenkst den, der dich braucht.

Jetzt!

Als ob wir solche Erfahrungen nicht auch schon gemacht hätten im Leben: Gott hat Gebete erhört und uns geholfen, als wir es besonders nötig hatten. Aber das liegt weit zurück und inzwischen haben andere Erfahrungen an unserem Glauben genagt.

Hoffnungsvolles Vertrauen in die Gnade und Güte Gottes kann einem unterwegs abhandenkommen. Dann sieht es eher trostlos aus im eigenen Leben.

Da ist es gut, wenn uns einer aufweckt mit einem kleinen Schlag auf die Schulter. Du, schau hin, es lohnt sich, es ist immer noch so, wie Du einmal geglaubt und gehofft hast. Gott ist noch nicht am Ende mit Dir. Er möchte Dich wach und voller Vertrauen.

Im Zen-Buddhismus ist das eine geistliche Übung. Der Abt geht durch die Reihen der meditierenden Mönche. Sie halten die Augen geschlossen und sollen doch meditieren mit wachem Geist. Einige scheinen so versunken, dass sie das Aufwachen brauchen. Der Abt nimmt den Stab und schlägt damit auf die Schulter. Der Mönch weiß: Das Göttliche ist gegenwärtig. Immer. Es weckt auf, fordert heraus – jetzt.

Paulus schlägt nicht die Gemeinde – er ist selber ein Geschlagener. Er schreibt. Aber er schreibt, wie der Abt schlägt: Jetzt. Jetzt ist die Zeit der Gnade, jetzt ist der Tag des Heils (2. Korinther 6,2).

Wacht auf, nehmt wahr, damit Gottes Gnade an Euch nicht vergeblich ist. Und der das sagt, lebt es vor am eigenen Leibe. Er schildert Situationen, in denen er von Gott wachgehalten wurde in seinem Leben, um wahrzunehmen, was wirklich und wahrhaftig ist: „in großer Geduld, in Trübsalen, in Nöten, in Ängsten, in Schlägen, in Gefängnissen, in Verfolgungen, in Mühen, im Wachen, im Fasten, in Lauterkeit, in Erkenntnis, in Langmut, in Freundlichkeit ...“ (2. Korinther 6,4-6). Wenn einer Euch fragt, wo ist Gott in all dem Elend der Menschen, dann antwortet: Er ist da. Ich weiß es. Ich kann es bezeugen. In meinem Leben hat er mich immer wach und lebendig gehalten, egal, was geschah.

Da wird ein Kind geboren auf einem Baumwipfel mitten in der überfluteten afrikanischen Steppe. Eine Mutter hält es und trägt es und wird gerettet. All die Bilder von der Rettung der Menschen in dieses Leben (und all die unsichtbaren Bilder von der Rettung der Menschen in ein anderes Leben) sind wie ein lebendiger Kommentar zu den alten Worten aus dem 2. Korintherbrief des Apostels Paulus: „In der Kraft Gottes, mit den Waffen der Gerechtigkeit zur Rechten und zur Linken, in Ehre und Schande; in bösen Gerüchten und guten Gerüchten, als Verführer und doch wahrhaftig; als die Unbekannten und doch bekannt; als die Sterbenden und siehe, wir leben; als die Gezüchtigten und doch nicht getötet; als die Traurigen, aber allezeit fröhlich; als die Armen, aber die doch viele reich machen; als die nichts haben und doch alles haben“ (6,7-9).

Wann hören wir schon einmal so über die Menschen sprechen, ihre Würde und ihr Geliebtsein? Die wir uns dazu verführen lassen, in Wohncontainer zu schauen, in denen Menschen freiwillig und für einen ausgelobten Preis (welchen?) *big brother* miteinander spielen. Ob wenigstens hier alles vergeblich ist? Nein, auch hier nicht. Wenn etwas hilft und rettet, dann er. Später wird einer sagen: Da hab' ich's begriffen. Da bin ich wach geworden. Da. Jetzt.

Unter Druck gesetzt

Als Christen setzen wir uns selbst oder andere manchmal ganz schön unter Druck: „Ohne Umweltschutz nur ein halber Christ!" stand neulich in der Zeitung. Das war sicher nicht negativ gemeint, aber hinter einem solchen Satz steht eben doch die Frage, wer ein ganzer, wer ein guter Christ ist.

Da hat jemand zu wenig Zeit für einen anderen Menschen, der im Altenheim oder im Krankenhaus auf Besuch wartet. Als Christ müsste man eigentlich ... Oder da steht ein junger Mensch vor der Frage, ob er als Christ den Kriegsdienst verweigern soll oder nicht. Als Christ kann man doch nur ... Oder da ist ein Mensch unermüdlich für andere da und überfordert sich dabei. Als Christ sollte man aber ... Wir legen anderen oder uns selber oft Verhaltensmaßregeln auf, und das schlechte Gewissen hängt als ständige Drohung über uns. „Werke des Gesetzes" hat der Apostel Paulus (Galater 2,16-21) das genannt.

Er setzt dagegen: Die Liebe Gottes lässt sich nicht erarbeiten und nicht verdienen. Gottes Liebe ist das Wichtigste im Leben. Sie schafft Freiheit und sie ist ein Geschenk. Martin Luther hat das später für sich und für seine Zeit wieder entdeckt. Und seitdem gehört dieses Wissen zum Grundbestand evangelischen Glaubens. Bewahrt uns dieses Grundwissen davor, immer wieder neue Gesetze aufzustellen und das Christsein daran zu messen?

Wer zu einem anderen sagt: „So und nicht anders musst du dich verhalten", der macht sich zum Herrn eines angeblich erziehungsbedürftigen Menschen, zu einem „Gesetzgeber", der beim anderen freisetzen will, was noch nicht richtig entwickelt ist. Und auch wer sich selbst unter Druck setzt, wer mit sich selber schonungslos umgeht und darüber verbittert wird, verfügt über sich selbst. Er formt sich so, wie ihn Gott gerade nicht haben will.

Es kommt nicht darauf an, wie wir uns vor Gott darstellen, sondern wie wir vor ihm dastehen (Lukas 18,9-14). Das letzte Urteil über mein Leben kommt nicht von mir selber. Ich bin bei meiner Beurteilung auf die Sichtweise Gottes angewiesen. Und wer zugibt, dass er darauf angewiesen ist, der gibt Gott Raum, der lässt Gott zu sich kommen, der glaubt. Und wer glaubt, der steht vor Gott recht da.

Deshalb müssen wir die Erinnerung wachhalten an ein Leben in Freiheit. Wir sehen uns mit anderen Augen, wenn wir die Liebe Jesu zu uns erfahren. Wir leben unser Leben anders, wenn wir statt schriftgelehrter Richtigkeiten die geöffneten Arme des Gekreuzigten sehen. Wir leben unser Leben in Freiheit, weil wir keine Angst haben müssen um das Gelingen unseres Lebens, denn wir sind geliebt. Wir leben unser Leben ohne die Lust, andere unter ein Gesetz zu beugen. Wir leben unser Leben ohne Angst davor, missachtet zu werden. Wir sind Gott recht.

Erglaubte Kirche

Wir leben als Kirche in schwierigen Zeiten. Das ist allerdings nie anders gewesen. Es gehört vielmehr zum Wesen der Kirche, dass sie zu allen Zeiten in der Krise ist. Ihre Botschaft bleibt vielen Menschen fremd und ist Missverständnissen ausgesetzt. Auch heute schwelt die Kirchenkrise und zwingt zu ständiger Selbstbesinnung auf den Auftrag der Kirche. Neu ist nur, dass die kirchlichen Strategen Hilfe außerhalb der Kirche und ihren Quellen suchen. Da werden Wettbewerbe ausgeschrieben, die das verstaubte Bild der Kirche auffrischen sollen. Da werden Kampagnen gestartet mit dem Ziel, den Strom derer umzukehren, die von der Kirche und ihren Quellen nichts mehr erwarten und die Kirche verlassen.

Unvoreingenommene Zeitgenossen fühlen sich je nach Standort und Stimmung provoziert oder gelangweilt oder sogar zum Nachdenken angeregt. Oder spüren sie vielleicht auch die Hilflosigkeit, die hinter solchen Aktionen steht? Die gut gemeinten Untersuchungen von Unternehmensberatungen decken auf, was alle ahnen: dass die Kirche eine alteingesessene Institution ist, die ihr Profil neu schärfen sollte – vor allem sollte sie zugänglicher, verständlicher werden. Stillschweigend wird vorausgesetzt, die Kirche wäre mit einem neuen strahlenden Image, mit glänzender Fassade und strahlendem Verkaufspersonal schon wieder auf dem Wege der Besserung. Moderne, aber nichtssagende Worthülsen wie z. B. Marketing oder Innovation werden zu Zauberworten für Machbarkeitsfantasien, als liege es in meiner Hand oder in den Händen der Pastorinnen und Pastoren, Kirche zu produzieren.

„Aus Gnade seid ihr selig geworden durch Glauben, und das nicht aus euch: Gottes Gabe ist es“ (Epheser 2,8). Das klingt sehr dogmatisch und darum anscheinend belanglos. Aber beim Wort genommen werden die Worte aus dem Epheserbrief zum Sprengstoff für alle Machbarkeitsstrategien: denn Kirche ist nicht zu machen. Kirche ist nur zu erglauben, wie Martin Luther uns überliefert hat. Wo Kirche erglaubt wird, da ist Kirche. Kirche ist ein Geschenk des Glaubens. Wo Menschen sich zum Hören,

Glauben, Singen, Beten versammeln, da ist die Kirche. Die Kirche redet im Auftrage Gottes von der Hoffnung für eine geschundene Welt. Die Gabe der Liebe ist ihr von Christus selbst anvertraut. Diese Liebe soll sich selbstlos verströmen in die Welt hinein. Aus Glaube, Hoffnung und Liebe wächst die Kirche immer wieder neu heraus. Ich brauche die Kirche nicht zu machen, sondern ich finde mich in der Kirche wieder und lebe in ihr. Sie ist schon lange da und sie bleibt, denn Gottes Gabe ist sie. Dieses Glaubensbekenntnis macht jede nachwachsende Generation frei, ihre eigenen Wege zu den Menschen in der Welt zu suchen, in der Kirche und für die Kirche zu leben.

Im Kraftfeld zweier Mächte

Zwei Mächte streiten um das Herz der Menschen: Christus und der Teufel (Epheser 4,25-32). Welcher Macht geben wir Raum in uns? Und welche Folgen hat das? Die Laster-Liste aus apostolischer Zeit liest sich wie eine Beschreibung moderner Zeiten: Lüge und Zorn, Betrug und Geschwätz, Geschrei und Lästerung, Bitterkeit und Grimm – die Menschen sind nicht wirklich besser geworden. Besonders viel gesündigt wird mit dem Mund und im Umgang mit dem Geld. Steuern werden hinterzogen und Gewinne ins Ausland verschoben. Und es wird viel Unfug geredet. Aber es ist ein Licht in der Welt: Christus. Der redet, was gut ist, was erbaut und was notwendig ist, um Segen zu bringen. Wir sollen es ihm nachtun und das Böse verbannen aus unseren Herzen – die Wahrheit reden, dem Bedürftigen abgeben, einander vergeben. Mit dieser Haltung kehrt Frieden ein. Bei der kirchlichen Trauung zweier Menschen lesen wir: „Seid aber untereinander freundlich und herzlich und vergebt einer dem andern, wie auch Gott euch vergeben hat in Christus“ (Epheser 4,32). „Liebende leben von der Vergebung“, schrieb Manfred Hausmann. Im privaten Leben ist uns das klar und gar nicht anders lebbar. Warum sind wir so rücksichtslos geworden im öffentlichen und gemeinschaftlichen Leben, im Leben der Völker untereinander? Welcher Teufel reitet uns da, den wir in den eigenen vier Wänden niemals dulden würden? Christlicher Glaube ist keine Privatsache, wie manche meinen, sondern eine öffentlich gelebte Haltung in allen Dingen. Damit der Heilige Geist nicht betrübt wird, sondern Christus regiert in unseren Herzen. Wir beten: Herr Gott, himmlischer Vater, du hast uns in Christus, deinem lieben Sohn, all unser Unrecht vergeben und unser Leben erneuert in der Kraft des Heiligen Geistes. Gib, dass wir das nicht nur für uns behalten und im Privaten leben, sondern hinaustragen in die Welt. Befreie uns von Zorn und Grimm, Betrug und Lieblosigkeit. Hilf uns, zu teilen und zu vergeben und die Welt neu zu gestalten. Amen.

Wir singen: „Nimm von uns, Herr, du treuer Gott ...“ (EG 146).

Leben im Licht

Das Leben im Licht christlicher Gemeinschaft hat seine Folgen (Epheser 5,1-14). Es geht nicht mehr so wie bisher: heimlich, schändlich, närrisch, habgierig – und in all dem unfruchtbar. Kinder des Lichts leben sichtbar und erkennbar anders: gütig, gerecht und wahrhaftig. Das geht nicht so leicht, weil es eine Entscheidung erfordert: nicht mehr einfach mitzuschwimmen im allgemeinen Strom und Trott der Zeit. Christliches Leben ist bewusstes Opfer, nämlich die Hingabe des eigenen Lebens an eine Haltung, wie sie Christus vorgelebt hat. Dabei mögen wir eine Menge verlieren von den Annehmlichkeiten und Verlockungen dieser Welt. Aber wir gewinnen auch einen Mehrwert, der letztlich unser Leben tiefer hält und verlässlicher trägt: Güte, Gerechtigkeit und Wahrheit. Schauen wir genauer hin – nicht auf die gleißenden Scheinwerfer dieser Welt, die täglich vor unseren Augen in den Wohnzimmern aufflammen, wenn wir vor dem Fernseher sitzen und vorgeführt bekommen: Glanz und Elend, Reichtum und Habgier, Vergnügen und Friedlosigkeit. Schauen wir auf die stilleren Lichter bescheidener Menschlichkeit, auf die leuchtenden Vorbilder wahrer Güte. In all der aufgeregten Narretei modernen Lebens mit Geschwätz und Wichtigtuerei gibt es wahre menschliche Größe – und immer ist es erleuchtend und erhellend, wenn so zu uns gesprochen und so für uns gelebt wird. Vielleicht ist das eine gute tägliche Übung: Was hat mich heute erleuchtet? Was hat mich heute erhellt? Die Antworten werden einfach und überraschend sein. Und dann können wir selber wach werden und ins Licht gehen und anderen leuchten.

Wir beten: Herr, du weißt, wie sehr wir selber dem Dunkel verfallen waren, schläfrig durchs Leben gingen und nicht aufwachen wollten zu deinem Licht. Vergib uns, was früher war. Das liegt nun hinter uns. Du hast uns frei gemacht zu einem Leben in deinem Licht. Lass uns leuchten aus dem Glanz deiner Vergebung und deiner Liebe. Amen.

Wir singen: „Erneure mich, o ewigs Licht ..." (EG 390).

Zweites Programm

Wie wollen wir das nennen – das andere, unser „zweites Programm" für ein Leben im Licht? Bibel TV? Radio Paradiso? Es gibt dafür schon einen Intendanten (den Apostel) und ein bewährtes Programmschema (den Epheserbrief). Auf dem Programm stehen: Singen und Spielen, Danken und Ermuntern, Sorgfalt und Verständigkeit, vor allem Weisheit und Achtsamkeit. Jedenfalls nicht: Torheit und Unordentlichkeit, Besäufnis und Achtlosigkeit (Epheser 5,15-20). Und das Programm läuft unter der Kategorie „Vollprogramme“ und nicht etwa nur im Bereich „spezielle Interessen“. Das Leben im Licht ist kein Lückenfüller oder einfach nur eine erbauliche Stunde im sonst tristen Alltag, der nach den üblichen Regeln verläuft – eine täuschende Sahnehaube auf dem kräftigen Pharisäer darunter. „Leben im Licht“ geht aufs Ganze: die ganze Zeit, die ganze Haltung, der ganze Mensch sind gemeint. Herzlich und zugewandt ist eine solche Existenz – Gott gegenüber in Dankbarkeit und den Nächsten gegenüber in Fürsorge und geistlicher Erbauung. „Seelische Erhebung“ ist nach Weimarer Reichsverfassung (Artikel 139) und Grundgesetz (Artikel 140) der Zweck des Sonntags. Das „Vollprogramm“ Epheserbrief macht daraus eine tägliche Übung. Immer wieder kommt es darauf an, einander zu ermuntern und Gott dankbar zu sein – als tägliches Programmschema sozusagen. Wer so die Zeit strukturiert und akzentuiert, verändert sie für sich und andere. Aus böser Zeit wird gute Zeit. „Gute Zeiten, schlechte Zeiten“: Wir haben die Wahl bei der Auswahl unserer Lebensprogramme.

Wir beten: Es sind wahrhaftig böse Zeiten, in denen wir leben. Hilf uns, Herr, dass wir uns nicht willenlos ergeben und einfach mitschwimmen im Strom der Zeit. Gib uns Kraft, Mut und Weisheit zu einer anderen Gestaltung unseres Lebensprogramms. Lass uns dankbar sein und einander helfen, das Leben zu meistern in Liebe zu dir und Achtsamkeit untereinander. Amen.

Wir singen: „Liebe, die du mich zum Bilde ...“ (EG 401).

Ohne Flecken und Runzeln

Mit dem Unterordnen (Epheser 5,21-33) haben wir es ja nicht so in unseren modernen Zeiten – bei *der* deutschen Geschichte! Und dass sich die Frauen den Männern unterordnen sollen, geht schon gar nicht mehr! Also klappen wir für diesmal das Bibelbuch einfach zu. Hat sich erledigt, geht so nicht mehr. Schade eigentlich, weil damit auch die letzten Sätze unseres Abschnittes wegfallen, die von einem Geheimnis reden. Die Sache mit Mann und Frau wird gedeutet auf Christus und seine Gemeinde. Können wir das einmal hören ohne das Vorurteil von Unter- und Überordnung? Es geht ja doch um anderes: um lieben und ehren, um nähren und pflegen, um hingeben und heiligen. Einander! Und es geht um die Vorstellungen, die wir voneinander haben. Christus liebt seine Gemeinde; er gibt sich für sie hin, um sie zu reinigen; er reinigt sie durch das Wort; er stellt sie sich vor als eine Gemeinde ohne Flecken und Runzeln, heilig und untadelig. Haben wir solche Vorstellungen voneinander? Können wir so lieben und den anderen ehren, dass wir groß von ihm denken? Wilfried Härle hat sein Buch über die menschliche Würde so genannt: „Groß vom Menschen denken“. Das ist die Haltung Gottes zu uns in Jesus Christus, das ist die Haltung Jesu Christi zu uns in der Kraft des Heiligen Geistes: Er denkt groß von uns. Er stellt uns heilig und untadelig vor sich. Das sollten wir ihm nach tun: Groß vom anderen denken, in Liebe ihn verwandeln. Verena Kast schrieb einmal: Liebe besteht darin, das Beste aus dem anderen herauszulieben. In ihn hineinsehen, aus ihm herauslieben – das Beste. Das ist göttlich und wahrhaft menschlich.

Wir beten: Hilf uns, Herr, dass wir nicht aus lauter Vorurteilen und Ängsten einander verurteilen und nicht mehr groß voneinander denken. Das gilt auch für deinen Apostel. Lass uns Gutes von ihm reden und alles zum Besten kehren. So hast du es ja doch auch mit uns gemacht. Hilf uns verstehen, was das heißt: lieben und ehren, nähren und pflegen – einander! Amen.

Wir singen: „Das sollt ihr, Jesu Jünger, nie vergessen ...“ (EG 221).

Apostolischer Dank

Wie liebevoll und freundlich Paulus hier redet zu Menschen, die er noch gar nicht kennt (Kolosser 1,1-8)! Epaphras, ein Mitarbeiter des Paulus, hat die Gemeinde in Kolossä gegründet. Über sie lässt sich nur Gutes sagen. Paulus ist dankbar für Glaube, Liebe Hoffnung, die diese Gemeinde bestimmen. Sie haben das Wort der Wahrheit, das Evangelium, aufgenommen. Es wächst bei ihnen, wie es überall auf der Welt, wo es verkündigt wird, Frucht bringt. Was für eine Befreiung, was für ein neues Existenzverständnis ist gläubigen Menschen seit der Lebenshingabe Jesu möglich! Wir werden mit diesem bemerkenswerten Briefeingang hineingenommen in einen missionarischen Aufbruch, der die Welt veränderte und der noch nach Jahrhunderten die Kraft hatte, bis zu uns in den Norden Europas vorzudringen. Und noch immer werden in der weiten Welt neue Gemeinden gegründet, finden Menschen zu Christus. Sie brauchen unser Gebet, unsere Fürbitte, unseren tätigen Einsatz. Vielleicht, wenn es der Geist der Liebe gibt, werden auch wir dabei erneuert und wieder lebendig gemacht. So, dass auch über uns nur Gutes gesagt werden könnte.

Wir beten: Es tut gut, Herr, wenn wir von den liebevollen und begeisternden Aufbrüchen der Anfangszeit unseres Glaubens hören. Wir werden dabei wieder munter und lebendig und verkriechen uns nicht in Trauer und Resignation über schwindenden Einfluss bei uns. Die Christenheit auf Erden wächst! Lass uns teilhaben daran in Gebet, Fürbitte und tatkräftiger Hilfe. Damit auch wir erneuert werden! Amen.

Wir singen: „Wach auf, du Geist der ersten Zeugen ...“ (EG 241).

Fürbitte

Paulus betet und bittet für eine ihm zunächst noch fremde Gemeinde: Sie möge erfüllt werden mit rechter Gotteserkenntnis (Kolosser 1,9-14). Doch wo liegen in diesem Briefabschnitt seine Prioritäten? Zuerst geht es ihm vor allem um würdevolles Leben, um Frucht bringen im Alltag und um gute Werke – dann erst um Gotteserkenntnis, Glaubenskraft und Geduld. Eigentlich erstaunlich für den Apostel, dem wir die Rechtfertigungslehre aus Glauben allein zu verdanken haben. Aber aus einem guten Baum wachsen auch gute Früchte – Paulus ermuntert die ihm noch fremde Gemeinde zu Weisheit und Einsicht. Sie sollen erkennen, wozu sie von Gott berufen und gebracht worden sind: errettet von der Macht der Finsternis, versetzt in das Reich seines lieben Sohnes. Und nun sind sie erlöst, ihnen sind die Sünden vergeben, sie dürfen ihr Erbteil genießen: nämlich Heilige zu sein im Licht. Alle Trennung ist aufgehoben, Menschen dürfen unmittelbar sein zu Gott: voller Freude und Dankbarkeit. Wir können nur ahnen, was sich gewandelt hat seit den Tagen alter religiöser Überzeugung und Übung. Was Christus vorgelebt hat, bringt Paulus hier auf den Punkt, kleidet es in wunderbare Worte. Damit wir uns davon anstecken lassen!

Wir beten: Wir danken dir, Gott, für die Erfahrung der Befreiung zu einem würdevollen Leben. Du überwindest uns in Christus alle Sünde und schenkst uns neues Leben. Du lässt uns wandeln im Licht. Hilf, dass wir dir gefallen mit unserem Leben und Frucht bringen in jedem guten Werk. Amen.

Wir singen: „Erneure mich, o ewigs Licht …“ (EG 390).

Versöhnt mit Gott

In diesen Versen (Kolosser 1,15-20) begegnet uns ein frühes Taufbekenntnis der Urkirche: Christus wird besungen als der Erste in Schöpfung und Erlösung. Für mich entschlüsselt sich dieser Hymnus von seinem Ende her: Gott machte Frieden mit uns durch die Lebenshingabe Jesu Christi am Kreuz. Durch ihn sind wir versöhnt mit Gott, in ihm wohnt die ganze Fülle des Lebens. Unsere Gottebenbildlichkeit, die zu uns gehörte seit der Schöpfung, zerbrach durch unsere Schuld in den vielen Sünden, die wir auf uns geladen haben. In Christus wird uns die Gottebenbildlichkeit wieder geschenkt. Er ist so, wie alles von Anfang an gedacht war, ja aus ihm heraus und zu ihm hin ist alles geschaffen. Grund und Ziel unseres Lebens liegen in ihm. Und das Wichtigste von allem: Er hat dem Tode die Macht genommen und ein ewiges Wesen ans Licht gebracht durch das Evangelium (2. Timotheus 1,10). Er ist das Ebenbild des unsichtbaren Gottes, der Erstgeborene vor aller Schöpfung, der Erstgeborene von den

Toten. Was für ein Privileg, dass wir zu ihm gehören dürfen, Anteil haben durch die Taufe an ihm! Er ist das Haupt der Gemeinde.

Wir beten: Wir danken dir, Gott, das du uns zurechtgebracht hast aus unserem verkehrten Wesen zu dem Frieden und der Fülle unverstellter Gotteskindschaft. In Christus hast du uns mit dir versöhnt, das Wunder des Anfangs von neuem möglich gemacht, indem wir dein Geschenk annehmen in der Taufe – und zurückkehren zu dir in der Buße, wenn wir es nötig haben. Amen.

Wir singen: „Ich bin getauft auf deinen Namen ..." (EG 200).

Die Freiheit zum Dienst

Was für ein Briefanfang (1. Thessalonicher 1,1-10): Lob für den vorbildlichen Glauben einer Gemeinde! Zu dritt schreiben sie und formulieren in trinitarischen Wendungen: Vom Glauben ist die Rede, von der Liebe und der Hoffnung. Eine ungeheure Dynamik tritt in Erscheinung: Auserwählt, bekehrt und erlöst ist die Gemeinde; sie dient nicht mehr den Abgöttern, sondern dem lebendigen Gott; sie wartet auf die Vollendung des Heils. Gott hat in der Auferweckung Jesu viel für die Menschen getan: Die Liebe ist stärker als der Tod, alle Trübsal wandelt sich in Freude. Das macht sie zu Nachfolgern der Apostel: Ihr Wort erschallt an vielen Orten. Paulus betet für diese Gemeinde: Er gedenkt ihrer und dankt Gott. Er erinnert an den Anfang und bestätigt das Werk der Liebe: Das Evangelium hat gezündet und breitet sich aus in Kraft und großer Gewissheit. Wollte man die Wirkungen der frohen Botschaft bei uns beschreiben, müsste man ganz ähnlich formulieren: Die endlich errungene Freiheit von allen Abgöttern ermöglicht den Dienst am lebendigen Gott und am Leben unserer Mitmenschen. Wie Luther sagt: „Ein Christenmensch ist ein freier Herr über alle Dinge und niemand untertan. Ein Christenmensch ist ein dienstbarer Knecht aller Dinge und jedermann untertan." Wir sind so frei, zu dienen und ohne Furcht in die Zukunft zu schauen, weil wir warten auf das Kommen unseres Herrn Jesus.

Wir beten:

Wir bitten Dich, Gott, gib, dass auch von uns gesagt werden kann: sie haben das Wort aufgenommen unter vielen Trübsalen mit Freuden im heiligen Geist und sind Vorbilder geworden im Glauben. Amen.

Freiheit und Absichtslosigkeit

Paulus gibt uns einen guten Einblick in den Dienst eines Apostels: 1. Thessalonicher 2,1-12. Er ist verbunden mit Arbeit und Mühe, mit Kampf und Leid, aber auch mit Freude und Zuversicht. Der Apostel spricht sogar von Herzenslust, die er empfindet angesichts der Liebe zu seiner Gemeinde. Ihm ist aufgetragen, das Evangelium zu predigen, also redet er. Er teilt aber nicht nur das Evangelium mit, sondern auch etwas von seinem Leben, weil er Vertrauen gewonnen und die Gemeinde liebgewonnen hat. Offensichtlich geht es um gelingendes Beziehungsgeschehen, wenn das Wort Gottes recht ausgerichtet werden soll. Es kann auch misslingen, wie die Erfahrung in einer anderen Gemeinde zeigt. Verdächtigungen und Schmähungen haben dort dem Apostel das Leben schwer gemacht. Er verteidigt sich: nie sei er mit Schmeichelworten umgegangen noch mit verstecktem Geiz; nie habe er eigene Ehre gesucht bei den Leuten, noch habe er ihnen zur Last fallen wollen. Gott allein weiß, welche Motive ihn dazu bewegten, das Evangelium zu verkündigen. In seinen Ermahnungen zu einem christlichen Leben ging es nicht um Irrtum, Unreinigkeit oder List. Wir ahnen, dass es nicht ohne Anfechtungen abgeht im apostolischen Dienst. Paulus betont seine mütterliche Liebe, die jeden annimmt, und seine väterliche Liebe, die ermahnt und herausfordert zu würdigem Leben vor Gott, wie er es selbst vorlebte: heilig, gerecht und unsträflich.

Wir beten:

Herr Jesus Christus, schenke uns die Kraft zum Dienst am Evangelium. Erwecke in uns Liebe und Vertrauen zu unseren Gemeinden. Nimm von uns allen Ehrgeiz und gib uns ein aufrichtiges Herz. Amen.

Vorsicht vor Fehlurteilen

Dieser Bibeltext (1. Thessalonicher 2,13-20) hat eine schlimme Wirkungsgeschichte entfaltet und wird von uns bedacht am Buß- und Bettag. Schmerz und Zorn des Apostels Paulus sind angesichts der erlittenen Verfolgungen durch jüdische Obrigkeiten (zu denen er selbst einst gehörte) vielleicht verständlich, aber sie rechtfertigen umgekehrt nicht politische Verfolgungen, Vertreibungen oder gar Ermordungen jüdischer oder anders denkender und lebender Menschen noch nach Jahrhunderten – wie es die Nationalsozialisten in Deutschland getan haben. Also Vorsicht vor solchen Sätzen wie: „Sie missfallen Gott und sind allen Menschen zuwider“; „sie machen nur das Maß ihrer Sünden voll“; „der Zorn ist schon über sie gekommen“! Solche biblischen Sätze mussten herhalten zur Rechtfertigung verfehlten staatlichen Handelns in nationalsozialistischer Zeit. Sie wurden vorgetragen auch von Theologen der Bekennenden Kirche wie Wilhelm Halfmann, der sie in seiner Schrift „Die Kirche und der Jude“ 1936 erwähnte, als freilich das ganze Ausmaß der Verbrechen an den Juden noch nicht absehbar war. Dafür gilt es, Buße zu tun!

Wir betonen und verstärken lieber andere Töne in diesem Text: den Dank für die große Aufnahmebereitschaft gegenüber der Predigt des Evangeliums; die Bereitschaft zur Nachfolge Jesu auch unter Hindernissen und Anfeindungen; die Sehnsucht nach menschlicher Begegnung von Angesicht zu Angesicht; das Festhalten des Wesentlichen im Herzen auch in Zeiten von Trennung und Abschied; die Hoffnung und Freude über eine großartige Zukunft, die niemand hindern kann – auch das Böse in der Welt nicht.

Die vielleicht wichtigste Erkenntnis: Im Menschenwort der apostolischen Predigt steckt Gottes eigenes Wort und bewirkt Glaube, Hoffnung, Liebe; Nachfolge und Leidensbereitschaft; aber auch Hoffnung, Freude und Ehre. Es ist Gott selbst, der uns zur Umkehr leitet!

Wir beten:

Herr Gott, himmlischer Vater, hilf uns, dass unsere Ängste und Nöte nicht umschlagen in Zorn und falsche Urteile über andere Menschen! Befreie uns von aller Ehrsucht und öffne uns für deine Zukunft. Amen.

Das neue Gottesvolk

Kann mit Worten schöner beschrieben werden, worin die ursprüngliche Berufung der Christenheit besteht? Sie ist aus allen Völkern berufen „von der Finsternis zu seinem wunderbaren Licht“. Christen treten damit ein in das Erbe Israels, sie sind das neue Gottesvolk: „auserwählt und kostbar, heilig und königlich; lebendige Steine eines geistlichen Hauses“ (1. Petrus 2,1-10).

Aber sind wir dieser Berufung immer gerecht geworden? Hat es nicht vielmehr den tödlichen Ausschluss der älteren Geschwister gegeben, statt sie zu gewinnen für eine gemeinsame Zukunft? Ist von der Berufung zur Auferbauung heute noch etwas zu spüren im Leben der Christenheit in Deutschland? Die Christen sind nach wie vor gespalten in Konfessionen, kleinteilig gegliedert in kräftezehrende Organisationen, zerstritten über viele Grundfragen der Politik, Umwelt, Wirtschaft und Ethik. Die Christenheit hat sich, besonders in ihrem evangelischen Teil, so ununterscheidbar in das Tagesgeschäft der Welt eingebracht, dass ihr Leuchten kaum noch wahrgenommen wird. Dabei ist das Zentrum des christlichen Lebens und der christlichen Lebendigkeit klar: Christus. „Wer an ihn glaubt, der soll nicht zuschanden werden." Wer auf Christus sieht und ihn schmeckt, nimmt zu an Heil und wächst in der Gnade. Es geht um Auferbauung und Wohltaten – aber nicht in der Veräußerung, sondern in der Verinnerlichung gelebten Glaubens. Erst daraus entsteht verantwortliche Äußerung: die Verkündigung seiner Tugenden.

Wir beten: Herr, hilf, dass wir uns nicht verlieren in den Streitigkeiten des Alltags, sondern zurückfinden zu dir, deiner Lebendigkeit und Leuchtkraft. Mach uns zu neuen Menschen, vernünftig und versöhnt, dann werden wir auch das Richtige tun zum Heil der Welt. Denn: Nur wer geborgen, kann bergen, nur der Versöhnte versöhnen. Amen.

Wir singen: „Such, wer da will, ein ander Ziel ..." (EG 346).

Das Verhalten in der Welt

Die beiden großen Streitthemen der Christenheit in einem kleinen Briefabschnitt (1. Petrus 2,11-17): die guten Werke und die Achtung gegenüber der Obrigkeit.

Luther hat zu unterscheiden gewusst: Gute Werke erwerben nicht die Gnade, sie gehören aber zu einem rechtschaffenen Glauben. Wir sollen sie andere sehen lassen (in der Diakonie und anderswo), damit die Menschen „Gott preisen am Tag der Heimsuchung". Denn: Wer Hilfe erfährt, dankt seinem Helfer und der Kraft, die ihn bewegt.

Luther kannte die Aufgabe aller Obrigkeit: Übeltäter zu bestrafen und Wohltäter zu belohnen. Darin gebührt ihr Achtung. Nur was geschieht, wenn die Obrigkeit selbst zum Übeltäter wird? Dann muss man Gott mehr gehorchen als den Menschen; ja sogar Widerstand ist dort geboten, wo notorisch Gottes Gebot verletzt wird.

Aber wir sollen nicht mit dem Finger auf andere zeigen, sondern bei uns selber nachsehen: wo wir Begierden folgen, die wider die Seele streiten; wo wir die christliche Freiheit zum Deckmantel der Bosheit missbrauchen.

Und wenn es uns gelüstet, kräftig gegen die unwissenden und törichten Menschen zu polemisieren (solche Aggressionen sollen ja auch bei Christen vorkommen), dann gibt es dafür nur einen Weg: mit guten Taten, nicht mit bösen Worten anderen „das Maul stopfen". Das ist gar nicht so leicht und schwer zu beherzigen, aber vielleicht bei jedem drohenden Zornesausbruch gut zu merken: Keine bösen Worte, nur gute Taten verändern Menschen!

Wir beten: Lass uns achtgeben auf unseren Weg in der Welt, Herr; achtbare Obrigkeit ehren und nicht herabsetzen; gegen Menschenverachtung aufstehen; Böses nicht mit Bösem, sondern mit Gutem vergelten; andere sehen lassen, was wir glauben und was uns bewegt. Amen.

Wir singen: „Ein wahrer Glaube Gotts Zorn stillt ..." (EG 413).

Mahnungen

Ein merkwürdiger Text (1. Petrus 2,18-25): Sklaven sollen sich in aller Furcht den wunderlichen Herren unterordnen. Es wird ihnen Christus vor Augen gestellt: auch er hat gelitten – unter wunderlichen Herren. Aus dem wunderlichen wird so ein wunderbarer Text: Christus schmähte nicht wider; er drohte nicht; er trug unsere Sünde selbst hinauf auf das Kreuz.

Wir müssen uns nicht mehr aufregen über vergangene Zeit mit feudalen Verhältnissen und Sklavenhaltung und ihre Rechtfertigung in der Bibel. Wir können erkennen, dass wir selbst es sind, diese „wunderlichen Herren", denen gegenüber kein Widerstand eine Wandlung bewirkt, sondern eine Ergebung, die stellvertretend leidet und auf sich nimmt, was getragen werden muss. Begreife, wer es kann, dass stellvertretendes Leiden zugedachtes Übel und den Übeltäter eher überwindet als Aufstand und Widerstand. So hat Gott uns heimgesucht und verwandelt in Christus, aus Sklaven des Bösen Freie gemacht.

Schöner kann man das nicht in Wort fassen: Christus tut das alles für uns, „damit wir, der Sünde abgestorben, der Gerechtigkeit leben. Durch seine Wunden seid ihr heil geworden. Denn ihr wart wie die irrenden Schafe; aber ihr seid nun bekehrt zu dem Hirten und Bischof eurer Seelen" (1. Petrus 2,24-25).

Wer sich immer noch bei der „Sklavenunterordnung" aufhält, hat nichts von der „Herrenüberwindung" verstanden, die nicht im Widerstand, sondern in der Ergebung liegt. Das Böse wird nicht mit Bösem überwunden, sondern mit Gutem.

Wir beten: Es ist nicht leicht, Herr, das Geheimnis des Kreuzes zu verstehen. Es ist ja nicht bloß Zeichen der Gewalt der Törichten, sondern Ort der Liebe und Überwindung. Leiden und Verzeihen verwandelt die Welt. Hilf uns, das Böse so zu überwinden: mit Gutem. Amen.

Wir singen: „Mir nach, spricht Christus, unser Held ..." (EG 385).

Überwunden

Manchmal geschieht es, dass wir von großer innerer Unruhe überwältigt werden: Da ist die Sorge über die plötzliche Erkrankung eines guten Freundes, da ist die Trauer über eine zerbrochene Beziehung, da ist die Betroffenheit über einen schier unlösbaren Konflikt unter Mitarbeitern. Wir geraten aus dem Gleichgewicht und drohen unsere innere Mitte zu verlieren.

Da ist es gut, einen Ankerplatz im aufgewühlten Wasser der Gefühle zu finden, einen Ort der Ruhe und Gewissheit, den uns niemand nehmen kann. „Unser Glaube ist der Sieg, der die Welt überwunden hat", heißt es im 1. Johannesbrief (5,4).

Das Überwinden der Sorgen und Ängste, der Trauer und Hoffnungslosigkeit geschieht nicht plötzlich. Es entwickelt sich aus einer allmählichen Hinkehr zum festen Halt unseres Herzens. Ich atme tief durch, ich spreche ein Gebet, ich summe ein Lied, das mich an meinen Ankerplatz inmitten der Stürme erinnert: „Nada te turbe, nada te espante; quien a Dios tiene, nada le falta. Solo Dios basta." (Nichts beunruhige dich, nichts ängstige dich: Wer Gott hat, dem fehlt nichts. Gott allein genügt.)

Dieses Lied aus Taizé über einen Text von Teresa von Ávila wird mir zur „inneren Burg". Ich lasse mich nicht überwinden und übermächtigen, sondern halte stand mit einem tiefen Vertrauen in Gottes Begleitung und Schutz. Die Stürme legen sich innen wie außen, ich entdecke Wege, die ich gehen kann.

In Sorge, Angst, Trauer und Hoffnungslosigkeit werden überraschende Lösungen sichtbar, die ich mir vorher nicht ausdenken konnte. Gott ersieht sich einen Weg, lässt mich zur Ruhe kommen und überwindet mir die bedrohliche Welt. Ich darf Anteil haben an seinem Lebenssieg. So beschreiben es auch andere, Angefochtene, Geiseln, Trauernde, Verzweifelte und wieder Genesene.

Eigene Existenz

Gottes Segen auf meinen Wegen

Seit meinen Kindertagen liebe ich besonders den aaronitischen Segen am Ende des Gottesdienstes: „Der Herr segne dich und behüte dich; der Herr lasse leuchten sein Angesicht über dir und sei dir gnädig; der Herr erhebe sein Angesicht auf dich und gebe dir Frieden“ (4. Mose 6,25). Durch diese Worte und die mit ihr verbundene Geste habe ich mich immer angenommen und bei Gott geborgen gefühlt – auch und gerade, wenn es Schweres im Leben zu tragen galt. Das Symbol des aufgedeckten Angesichts – eine frühkindliche Erfahrung und eine Verheißung fürs Leben: „Ich will dich segnen, und du sollst ein Segen sein.“

Später ist mir dann aufgegangen, wie liebevoll Gott jeden einzelnen von uns sucht mit seinem aufrichtenden und zurechtbringenden Wort. Wir hören es in der Predigt im Gottesdienst, in den Losungen der Herrnhuter Brüdergemeinde, in der (täglichen) Bibellese, in den uns persönlich zugedachten Segensworten bei Taufe, Konfirmation und Trauung. Für mich kamen auch noch Segensworte zur Ordination und zur Einführung in ein neues Amt hinzu. In all dem habe ich den Segen gespürt, mit dem Gott ein Menschenleben begleitet, es fördert, herausruft, stärkt und vollendet. Gott ist einer, der das Leben lieb hat, der Verirrte zurechtbringt, Trauernde tröstet, Mutlosen neue Hoffnung schenkt.

Ich erinnere mich an meinen Taufspruch. Christus spricht: „Ich bin das Brot des Lebens. Wer zu mir kommt, den wird nicht hungern; und wer an mich glaubt, den wird nimmermehr dürsten“ (Johannes, 6,35). Eine tiefe Wahrheit über unser Leben kommt darin zum Ausdruck: Immer sind wir auf Nahrung angewiesen. Doch lebt der Mensch nicht nur vom Brot allein: Gott nährt uns auch mit seinem Wort und Sakrament. Frère Roger, in dessen Kommunität in Taizé ich oft gebetet habe, hat das in der Regel von Taizé so festgehalten: „Christus gibt sich uns sichtbar im Sakrament. So nähre dich vom Mahl der Danksagung und vergiss nicht, dass es den Kranken des Volkes Gottes angeboten ist. Es ist für dich da, der du immer schwach und hinfällig bist.“

Ich erinnere mich an meinen Konfirmationsspruch. Paulus spricht: „Ich schäme mich des Evangeliums von Christus nicht, denn es ist eine Kraft Gottes, die da selig macht alle, die daran glauben“ (Römer 1,16). Es gibt eine Zeit in unserem Leben, da sind wir herausgefordert, nicht nur wie Kinder zu nehmen, sondern auch als Erwachsene uns zu bekennen. Was uns genährt und Kraft gegeben hat, das Leben zu bestehen, das sollen wir mitteilen, damit andere verstehen und auch für sich selbst einen Weg finden. Welch ein Segen, wenn es gelingt, einer zu werden, der sich freimütig bekennt zu dem Grund seines Lebens, der hingeht und sucht und liebt und zurechtbringt, wie Paulus es getan hat!

Ich erinnere mich an meinen Trauspruch. Christus spricht: „Ein neu Gebot gebe ich euch, dass ihr euch untereinander liebet, wie ich euch geliebt habe, damit auch ihr einander lieb habet. Daran wird jedermann erkennen, dass ihr meine Jünger seid, so ihr Liebe untereinander habt" (Johannes 13, 34-35). Was der ganzen christlichen Gemeinde für ihr Leben miteinander gesagt ist, das muss sich zuerst in den so nahen Bezügen von Ehe und Familie bewähren. Hier lernen wir, einander zu vergeben und neue Anfänge zu ermöglichen. Liebe geht ja nicht nur leichte Wege, sondern ringt und kämpft, sucht und verzeiht.

Ich erinnere mich an meinen Ordinationsspruch. Christus spricht: „Wer an mich glaubt, von des Leibe werden Ströme lebendigen Wassers fließen" (Johannes 7,38). Welch ein Segen, welch eine Verheißung, dass wir nicht nur Nehmende, sondern auch Gebende sein dürfen in unserem Leben! Nicht nur mit guten Worten aus vollem Herzen, wie es das Sprichwort sagt, sondern auch mit leibhaftiger Wärme und Nähe zu den Menschen. Lebendige Gemeinschaft, lebendige Gemeinde, die überfließt in herzlicher Liebe und die Kraft dazu aus einem tiefen Brunnen schöpft: dem Glauben an Gottes freundliche Zuwendung in Jesus Christus.

Ich erinnere mich an meinen Einführungsspruch in Hannover. David betet: „Erfreue mich wieder mit deiner Hilfe, und mit einem willigen Geist rüste mich aus" (Psalm 51,14). Selbst Könige geraten in Versuchung und laden Schuld auf sich. Aber Gott lässt niemanden verlorengehen, der umkehrt und Buße tut. Wann immer wir uns verirren in unserer Lebensgeschichte, müde und mutlos werden: Gott richtet uns auf mit seinem Wort, wenn wir ihn nur aufrichtig darum bitten.

Lebendiges Herz

Lange hatte sie nicht mehr weinen können. Der Gesichtsausdruck war etwas starr geworden unter dem gefesselten Herzen. Sie gab sich Mühe, mit den Anforderungen des Alltags zurechtzukommen, aber es wurde immer schwerer angesichts des nicht gelebten Lebens. Es lag ihr wie ein Stein auf dem Herzen: Sollte es das nun gewesen sein bis zum Ende ihrer Tage? Dann geschah doch noch das Wunder: Der, auf den sie so lange gewartet hatte, kam. Er erreichte das lang verdrängte und aufgestaute Gefühl mit einfühlsamen Worten und einer liebevollen Geste. Da füllten sich ihre Augen mit Tränen und sie konnte wieder weinen. Das Herz schmerzte, aber es fühlte sich wieder lebendig an. Der Stein löste sich und die innere Lebensquelle fing an zu sprudeln. Er ließ es ganz einfach geschehen und sagte nur zu ihr: „Augen sind auch zum Weinen da. Sie glänzen, wenn die lebendige Seele sichtbar wird.“ Sie konnte es kaum fassen, dass ihr noch einmal diese Liebe geschenkt wurde und das Leben auf einmal wieder einen Sinn bekam. Beim Propheten Hesekiel heißt es: „Ich will das steinerne Herz wegnehmen aus ihrem Leibe und ihnen ein fleischernes Herz geben, damit sie in meinen Geboten wandeln und meine Ordnungen halten und danach tun“ (11,19b-20a).

Einen gesegneten Abend wünscht Ihnen Peter Godzik.

Auf eigenem Weg

Die ganze Zeit hatte er sich angepasst. Das Gesicht war schon ganz grau geworden und die Haltung etwas gebeugt. Er versuchte, es allen recht zu machen. Aber sich selber hatte er verloren – und seinen einst so unbändigen Mut auch. Menschen seiner Umgebung nahmen es zuerst wahr und machten sich Sorgen. Sie fragten ihn, was denn los sei, aber er konnte keine rechte Antwort geben. Da hörte er eine leise Stimme in seinem Innern seinen Namen sagen. Es klang zärtlich und genau, fragend und ermutigend zugleich. Nicht so besorgt und fordernd wie seine Freunde, sondern eher leicht und freundlich. Da lächelte er, richtete sich wieder auf und ging seinen eigenen Weg. Nicht mehr so ängstlich und angespannt, sondern mutig und fröhlich. Die anderen fragten sich, woher er die Kraft nähme, so unbefangen unterwegs zu sein. Und sie freuten sich über einen lebendig gewordenen Menschen. Im Römerbrief des Apostels Paulus lesen wir: „Stellt euch nicht dieser Welt gleich, sondern ändert euch durch Erneuerung eures Sinnes, damit ihr prüfen könnt, was Gottes Wille ist“ (12,2).

Einen gesegneten Abend wünscht Ihnen Peter Godzik.

Ein einfaches Wort

Wen hatte sie nicht schon alles gefragt und aufgesucht: die Freundinnen und Freunde, den Lebensberater und manch andere Ratgeberin auch. Karten hatte sie gelegt und Horoskope gelesen – aber sie blieb merkwürdig leer und unberührt von all den Vorschlägen und Lebensrezepten der zu Rate gezogenen Leute. Sie wusste immer noch nicht, wie es weitergehen sollte mit ihr im Leben. Da begegnete ihr ein leises und einfaches Wort auf einem Kalenderblatt, das ihr der Pastor beim Besuch in der Kurklinik geschenkt hatte: „Lass Dir an meiner Gnade genügen, meine Kraft ist in den Schwachen mächtig“ (2. Korinther 12,9). Und sie wusste, wo sie künftig suchen wollte: nicht dort, wo so absichtsvoll geraten und beraten wurde, sondern da, wo liebevolle Aufmerksamkeit zu spüren war. Gott redete so zu ihr: in einem leisen und einfachen Wort. Das spürte sie deutlich. Und sie erinnerte sich an die Segensworte in ihrem Leben: Mit ihrer Hilfe würde sie die Kraft entwickeln, die Krankheit zu überwinden. Beim Propheten Jesaja begegnet uns die Mahnung: „Wenn sie aber zu euch sagen: ihr müsst die Totengeister und Beschwörer befragen, so sprecht: Soll nicht ein Volk seinen Gott befragen?“ (8,19).

Einen gesegneten Abend wünscht Ihnen Peter Godzik.

Der Goldgrund von allem

Sein ganzes Leben lang hatte er sich für Veränderungen eingesetzt. Wo er hinkam, mutete er den Leuten Aufbrüche zu. Seine Dynamik kannte beinahe keine Grenzen. Er war stolz darauf, andere nicht in Ruhe zu lassen. Er baute und gestaltete, wo er nur konnte. Und er war stolz auf all das Erreichte. Dann entdeckte er plötzlich einen anderen Rhythmus, sozusagen den Unterfaden seines aufregenden Lebensgewebes. Was war es denn, was ihn hielt und was ihm die Kraft gab? Es war sein tiefes Vertrauen in das Liebenswerte allen Lebens. Selbst die Schlimmsten, denen er begegnet war, hatten etwas von diesem Glanz. Sie versteckten ihn manchmal sorgfältig und mochten ihn ums Verrecken nicht zeigen. Aber wenn er geduldig war und länger hinschaute, konnte er auch bei ihnen diese Liebe zum Leben entdecken. Es war wie die Frucht seiner langen Lebenserfahrung. Auf einmal wollte er nicht mehr so viel ändern. Nur entdecken und anschauen den Goldgrund von allem. So lesen wir im ersten Buch Mose im zweiten Kapitel: „Gott, der Herr, nahm den Menschen und setzte ihn in den Garten Eden, dass er ihn bebaute und bewahrte“ (2,15).

Einen gesegneten Abend wünscht Ihnen Peter Godzik.

Letzte Dinge

Was wir am Ende suchen

Manchmal ertappe ich mich dabei, dass ich leise vor mich hinmurmle: „Ich möchte nach Hause." Dabei stehe ich womöglich gerade vor meiner eigenen Haustür. Doch „nach Hause" bedeutet noch etwas anderes als die eigenen vier Wände. Es ist Metapher für einen Ort jenseits unserer erfahrbaren Welt. Wir kommen daher und wir gehen dahin. „Heimat ist etwas, was jedem in die Kindheit scheint und worin noch niemand gewesen ist", schrieb einmal Ernst Bloch. „Nach Hause!" ruft E.T.

Menschen sind Pilgernde auf ihrem Lebensweg (Hebräer 13,14). Ich bin in meinem Leben viele Male umgezogen: von Flensburg nach Leck, nach Pinneberg, nach Kiel, nach Schenefeld, nach Bogotá, nach Preetz, nach Kiel, nach Büdelsdorf, nach Hannover, nach Schleswig, nach Ratzeburg und wieder nach Schleswig. Das macht zwölf Umzüge in 66 Jahren, die innerörtlichen Umzüge gar nicht mitgerechnet. So viel äußere Bewegung tut gut trotz aller damit verbundenen Abschiede: sie hält geistig frisch und erinnert immer wieder daran, neue Aufbrüche zu wagen. Abraham lebte so, der alt wurde und lebenssatt starb; und auch Jesus, der für uns als junger Mensch sein Leben ließ und uns half, den Tod zu überwinden.

Was suchen wir am Ende unseres Pilgerweges? Die Bibel erzählt vom Garten Eden, aus dem die Menschheit stammt. Und sie erzählt vom himmlischen Jerusalem, in das wir einziehen sollen. Durch zwölf Tore in den unterschiedlichen Farben der Edelsteine, die symbolisch für das Gottesvolk stehen. Keine Einheitsfarbe, wie die irdischen Demagogen schon immer meinten. Verschieden, wie wir sind. Und darin? Die Ströme des Paradieses, ein Platz in der Mitte, Frieden, der Baum des Lebens und das Lamm Gottes. Das himmlische Jerusalem symbolisiert unsere Hoffnungen: „Ich wollt, ich wär in dir!"

Wonach sehnen wir uns? Nach Hause zu kommen! Das war besonders in den Kriegs- und Notzeiten so: Die Menschen wollten nach Hause. Wie der verlorene Sohn. Deshalb sind Flüchtlingsbewegungen so schrecklich: Menschen verlieren ihr Zuhause durch eigene oder fremde Schuld. Sie müssen erst wieder ein Zuhause finden, um wirklich daheim sein zu können. Aber auch die neue Heimat bleibt nicht ewig. Sie zerbricht wie alles Irdische. Unser Heimatrecht ist im Himmel. Können wir das fassen?

In der Kulturgeschichte des ewigen Lebens gibt es auch viele Umzüge, Vertreibungen, Neuanfänge. Die Menschen möblieren den Himmel wie ihre irdische Welt; die Theologen werfen den irdischen Plunder wieder hinaus und reduzieren uns auf die reine Anbetung. Was suchen wir? Die Liebe: Wir wollen erkennen, gleich wie wir erkannt wurden. Das Stückwerk soll aufhören und die Tränen sollen abgewischt werden. Endlich sollen vor allem Gerechtigkeit und Frieden herrschen! Und so wird es sein: Wir werden am Ende kristallklar – durchscheinend für die Liebe Gottes.

Was bedeutet das für das neue Jahr? Wir sollten nicht so viel an den materiellen Dingen hängen und Lotto-Millionär werden wollen. Wir sollten unsern Ehrgeiz darein setzen, geistig und geistlich zu wachsen. Heraus aus dem Erdenstaub, hinein in das Licht! So umgestaltet können wir auch noch etwas Tapferes für die Welt tun, solange es Zeit ist. Denn das ist das Geheimnis des Unterwegsseins: Zeit zu haben für Erinnerung, Aufmerksamkeit, Erwartung. Adventlich leben heißt noch etwas erwarten von Zeit und Ewigkeit.

Erinnerung und Solidarität

Die Erlösung kam für die Menschen in Nazi-Deutschland durch die Truppen der Alliierten: Sie jagten den Terror aus dem Land. Sie befreiten die Menschen aus den Konzentrationslagern und machten sich an den Wiederaufbau eines geschundenen Landes. Nicht alles, was sie taten, war gerecht. Aber sie ließen sich nicht davon abbringen, die Besiegten wiederaufzurichten und ihnen die Werte einer freien und demokratischen Gesellschaft beizubringen. Sie halfen auch mit Gütern und Geld. Am wichtigsten aber war ihre menschliche Solidarität, die Erkenntnis, dass gemeinsamer Glaube in die Zukunft uns verbindet.

Die Erlösung kam für die Frauen in Afghanistan (und für die Shelter Now-Mitarbeitenden) durch die Truppen der Alliierten: Sie jagten den Taliban-Terror aus dem Land. Sie befreiten die Menschen von einem terroristischen Regime und machten sich an den Wiederaufbau des Landes. Nicht alles, was sie taten, war gerecht. Aber sie ließen sich nicht darin beirren, den Befreiten die Werte einer freien und demokratischen Gesellschaft beizubringen. Sie halfen auch mit Gütern und Geld. Am wichtigsten aber war ihre menschliche Solidarität, die Erkenntnis, dass eine gemeinsame Hoffnung für die Zukunft uns verbindet.

Die früher Erlösten taten sich schwer, den Alliierten bei ihrem Kampf gegen den Terrorismus beizustehen. Sie wollten sich die Hände lieber nicht schmutzig machen in einem womöglich immer noch ungerechten Krieg. Sie rieten zur humanitären Hilfe, zum globalen Einsatz für Gerechtigkeit und allenfalls zu blauhelmgestützten Polizeimaßnahmen. Bis sie sich an ihre eigene Geschichte und Befreiung erinnerten. Sie stritten miteinander auf allen Ebenen und rangen sich schließlich zu einer deutschen Beteiligung auch an militärischen Maßnahmen durch. Seitdem können sie erhobenen Hauptes andere erheben und befreien aus dem Joch terroristischer Gewalt.

Sie lesen die alten Geschichten mit neuem Verständnis: Selbst der Menschensohn kommt mit den Wolken des Gerichts – „mit großer Kraft und Herrlichkeit" (Lukas 21,27). Vor ihm zerschmilzt alle Bosheit und Ungerechtigkeit wie Wachs an der Sonne. Und die Menschen vergehen vor Furcht und in Erwartung der Dinge, die kommen sollen. Was tröstet in solch bewegenden Zeiten? Das Wort von der Geduld (Offenbarung 3,10) und das Vertrauen in die Verheißung, dass die Erlösung naht von allen teuflischen Anschlägen (Lukas 21,28 und Offenbarung 3,9).

Vertrauen – worauf?

Es beginnt und endet mit einem Herausfallen. Da ist es nicht leicht, Vertrauen zu bewahren. Aber es findet sich wieder, jedenfalls nach eigener Erfahrung am Anfang und immer wieder später. Ob auch am Ende, wissen wir nicht, vermuten wir aber. Und wir vertrauen darauf. Der uns umgab, wird uns auch dann umgeben: Hebräer 11,1.

Es ließ sich atmen und bewegen. Wir standen auf und machten Schritte. Es ging, der Weg öffnete sich. Vor allem: Der Himmel blieb und stürzte nicht herab. Es sah manchmal düster aus und wurde stürmisch. Aber es war Platz zum Leben, zum Entdecken, zum Lernen und Vertrauen. Andere vertrauten uns und wir ihnen. Es gab auch Enttäuschungen und bittere Erfahrungen. Wir wurden im Stich gelassen und ließen andere im Stich. Enttäuschtes Vertrauen ist nicht leicht wieder zu gewinnen. Aber durch allerlei Krisen hindurch haben wir wieder Zutrauen gefasst zu uns, zu anderen. Es lohnt sich, zu leben, zu lieben, zu geben, zu empfangen. Vertrauen ist der Urton des Lebens. Am Ende geht es genau darum. Wie im Zirkus: Der Flieger fliegt und der Fänger fängt. Am Anfang, zwischendrin und vor allem am Schluss gebe ich mich einfach hin und vertraue, das einer da ist, der auffängt, annimmt, liebt, beschützt und hält. Deshalb kann ich fliegen, mich hingeben, leben und sterben.

Leben heißt, dem Einatmen und Ausatmen vertrauen, dem Herzschlag und dem Gefühl. Und wenn es stillsteht, nicht mehr geht? Die Raupe wird eingesponnen in der Puppe und umgebaut. Und nach langem Stillstand regt sich wieder etwas, bricht hervor und entfaltet sich. Was weiß die Raupe schon vom Schmetterling? Ich vertraue darauf, eine lebendige Kraft in mir zu haben und einen, der mir entgegenkommt im

Licht. Es wird so ausschauen, als wäre es zu Ende. Aber das ist nicht wahr. Es fängt an, auf einer anderen Ebene, in einem anderen Raum. Vertrauen haben heißt einem anderen zutrauen, dass er uns annimmt und liebt. Und selbst wenn ich mich ganz auflöse, wird etwas bleiben im Gedächtnis Gottes. So vertraue ich.

Atem des Lebens

Wir atmen ein, wir atmen aus – so leben wir jeden Tag, jede Stunde, jeden Augenblick unseres Lebens im Rhythmus des Atems. Goethe macht uns aufmerksam auf die Gnade dieses Geschenks. Solange wir atmen, einatmen und ausatmen, leben wir:

> *Im Atemholen sind zweierlei Gnaden:*
> *Die Luft einziehen, sich ihrer entladen;*
> *jenes bedrängt, dieses erfrischt;*
> *so wunderbar ist das Leben gemischt.*
> *Du danke Gott, wenn er dich presst,*
> *und dank ihm, wenn er dich wieder entlässt!*

Manchmal stockt uns der Atem, wir halten die Luft an, wir ahnen: Es ist nicht selbstverständlich, dass es lebendig atmend mit uns weitergeht. Der Beter des 104. Psalms spricht davon, dass der Atem eine wunderbare Schöpfungsgabe Gottes ist: Gott atmet uns aus und atmet uns wieder ein – das macht die Menschen zu lebendigen Wesen.

> *Verbirgst du dein Angesicht, so erschrecken sie;*
> *nimmst du weg ihren Odem, so vergehen sie und werden wieder Staub.*
> *Du sendest aus deinen Odem, so werden sie geschaffen,*
> *und du machst neu die Gestalt der Erde (Psalm 104,29-30).*

„Erste Hilfe“ bei der Geburt ist der (heute meist so nicht mehr geübte) „Klaps auf den Hintern“, damit die Atmung des Neugeborenen angeregt wird. „Erste Hilfe“ bei Atemstillständen ist die Mund-zu-Mund-Beatmung, damit die Atmung wieder einsetzt.

„Letzte Hilfe“ beim Sterben ist das behutsame Entfernen verklebten Schleims und das Befeuchten der Mundhöhle, damit der flacher werdende Atem ruhig ventilieren kann. „Letzte Hilfe“ ist das Zulassen des letzten Atemzuges und das Aushauchen des Lebens (vitam efflare) ohne weitere Eingriffe.

Jüdische Frömmigkeit betet jeden Tag das jüdische Glaubensbekenntnis „Höre, Israel“ („Sch^{e}ma Jisrael“) und verbindet damit einen seelsorgerlichen Rat: Die Frommen mögen ihr Leben am Ende aushauchen auf das Wort „ächad“ – einzig, eins.

> שְׁמַע יִשְׂרָאֵל יְהוָה אֱלֹהֵינוּ יְהוָה אֶחָד (wird gelesen: sch^{e}ma jisrael adonai elohenu adonai ächad)
> „Höre, Israel, der HERR ist unser Gott, der HERR allein“ (5. Mose 6,4).

Diese seelsorgerliche Empfehlung spiegelt das am Ende auch körperlich messbare Geschehen wider: Die Amplitude zwischen zwei Polen signalisiert das noch weiterbestehende Leben, der Eintritt der Nulllinie (eigentlich: eins) das Aufhören irdischen Lebens.

Gott hat uns eingeatmet zu sich – so endet unser menschliches Leben. Christliche Frömmigkeit beschreibt den Vorgang ganz ähnlich. So dichtet Werner Fritsch (geb. 1960):

> *UND DER TOD – ein Muttergotteskuss ist es.*
> *Wo wegnimmt den Atem von einem.*
> *Wie Wind in Linden.*
> *Und grabens einen auch ein.*
> *Und ist doch wie Leben.*
> *In Engerlingen und solchen Dingen.*
> *Und eines Tages bin auch ich.*
> *Irgendmal unter Cherubim.*